JN033344

本文「2.2　色彩」(p.66～) より

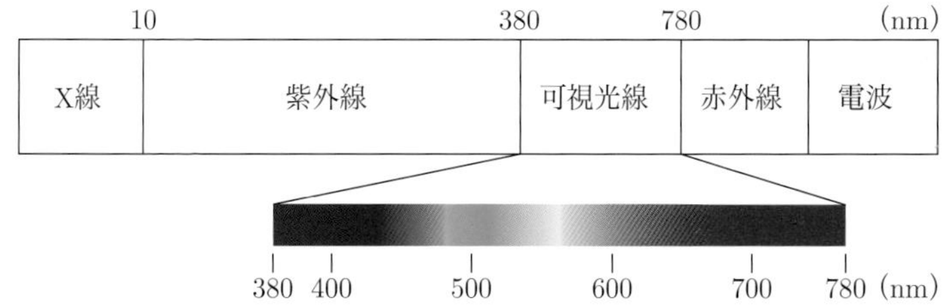

図2・9　波長の分布（スペクトル）と可視光線の色

図2・10　リンゴが赤く見えるわけ

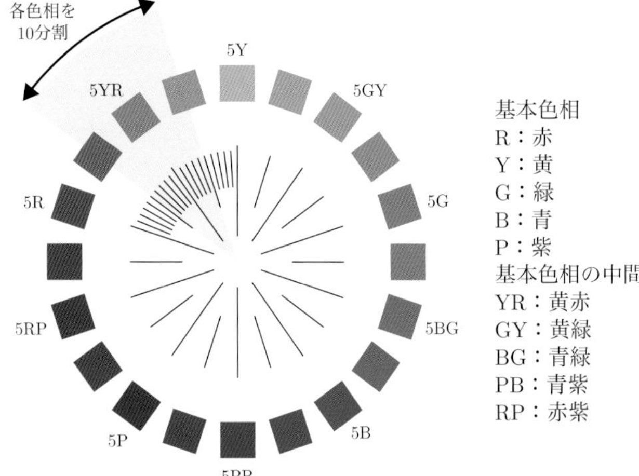

図2・11　マンセル色相環

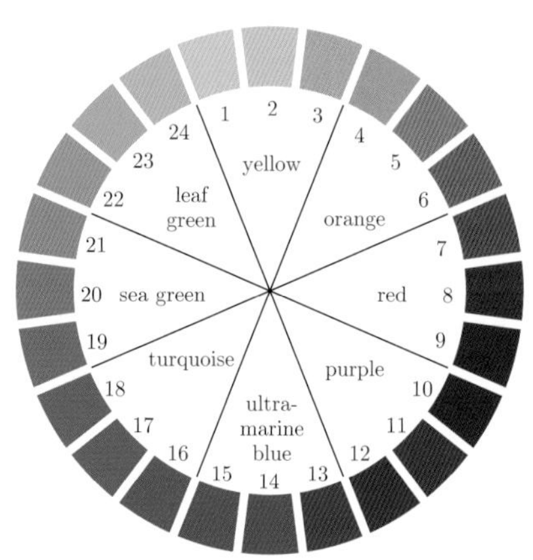

図2・12　オストワルトの色相環

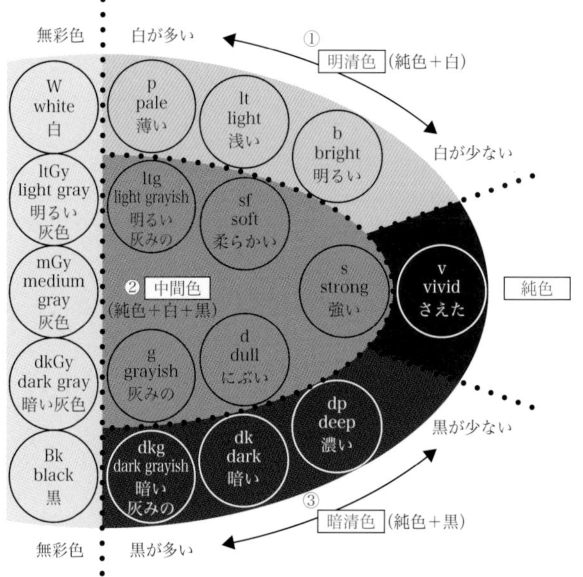

〔資料提供〕日本色研事業㈱

図2・13　PCCSのトーン

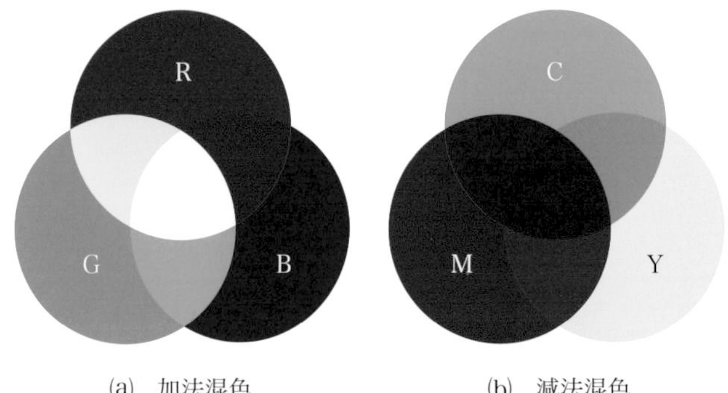

図2・14　加法混色と減法混色

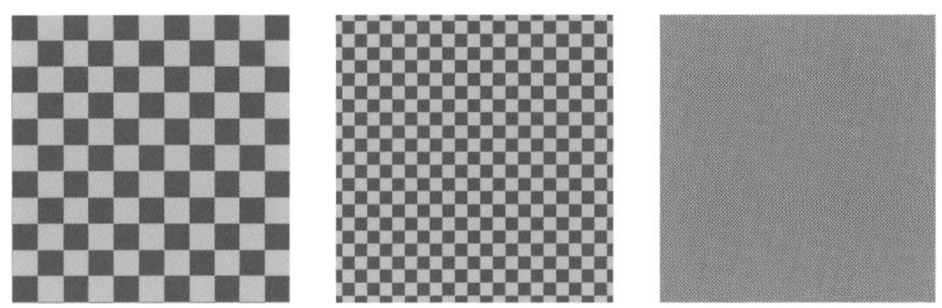

図2・15　中間混色（並置混色）

スッキリ！がってん！

建築のインテリアの本

松下　大輔［著］

電気書院

[本書の正誤に関するお問い合せ方法は，最終ページをご覧ください]

はじめに

誰でも好みの家具を選び，その配置に考えをめぐらせたことがあるように，インテリアデザインは特別なものでなく，身近で，日々の行為や生活と重なり合っています．気軽に取り組める門戸の広さがある一方で，関連する分野は歴史，造形，色彩，人体，構造，材料，環境，設備，そしてそれらを総合する計画方法と多岐にわたり，一筋縄では行きません．広い間口と深い奥行きをあわせ持つので，その人の立場により様々な関わり方があると思います．インテリアデザインの対象は，建物の内部の人の生活に関わる全ての事象です．それらを体系的に学ぶには本書だけでは遠く及びません．また日々新たな知見や技術が生まれ，かつての正論がほころび，覆ることもあります．

本書は各分野の現在の主な知識，技術を，数々の良書を参考に，手軽な形に凝縮したものです．学生のニーズから，建築士やインテリア関連資格試験の頻出内容にもなるべく触れるように心がけました．今は短い動画やメッセージが好まれます．小さな本書をきっかけにインテリアデザインの門戸をくぐり，奥へと進んでください．豊かで，長い時間をかける価値のある世界が広がっています．

目　次

3 建築のインテリアの応用

1 建築のインテリアってなあに

1.1 インテリアデザインの成り立ち

(i) インテリアとインテリアデザイン

インテリアという言葉の語源は「内側の」というラテン語の形容詞interの比較級inter-iorで，一般に「室内空間」や「室内の装飾品」を意味します．私達は毎日の，そして人生の大半を室内で過ごします．室内空間のありようは，人々の生活の質を左右する要因となります．室内空間は生活の器として，私達のあらゆる行為，認知，感情，対人関係などを長時間にわたって包含し，影響を与え続けます(図1・1)．室内空間の良し悪しによって，日々の生活が健康で，豊かに，洗練され，喜びをもたらすものともなれば，心身の不調を招き，単調で精彩を欠き，気が滅入るものとなってしまうこともあるでしょう．

室内空間に求められる性質には，様々な種類や水準があります．そこで営まれる生活は，生活する人，地域，文化，時代などによって異なります．ある住宅のインテリアをデザインする場合は，居住者の家族構成，ライフスタイル，性格，価値観，趣味嗜好，生活水準，将来の計画，周辺環境や風土気候など，あらゆる条件を勘案することが必要となります．また不特定多数の人が使用する病院や保育園，オフィス，ホテルとなると，それぞれ考慮すべき要件も変わります．安全で衛生的であること，ケガを招いたり心身の不調をも

図1・1　インテリアと人間

たらしたりしないことは最も基本的な条件です．快適で安心できること，不快な暑さ寒さがなく，状況に応じた明るさ，静穏さなどが確保されていることも不可欠となります．またプライバシーが保たれていること，個人の領域が確保されていること，その人の性格やその時々の気分，体調に応じて周囲の環境を自ら調整できることなども求められます．建築空間や家具什器の姿形，色彩や質感が好ましく，流行に先んじ，洗練されていること，所有者や利用者のセンスや価値観，個性を表現していることなども期待されるでしょう．デザイナーは材料や家具や照明，空気や光や音といったモノの性質に加えて，生活の主体である老若男女のヒトの性質を知ることも重要となります．

このように室内空間の計画や設計，すなわちインテリアデザインが扱う領域は幅広い関連分野をまたいで展開しています．インテリアデザインの体系的な習得は一筋縄で行くものではありませんが，裏を返せば，そこには長い歴史，国内外の様々な実践や研究による多様な概念，知識，技術が蓄積された豊かな世界が広がっていることを意味します．インテリアデザインは，日々の生活に密接に関連する近しい世界でありながら，関連領域は多岐にわたり，外側からはうかがい知れない奥深さ，懐の広さを有しているところに魅力があるのかもしれません．

(ii) インテリアデコレーションからインテリアデザインへ

インテリアデザイン（Interior Design）という言葉はヨーロッパで20世紀初頭から使用されていますが，室内装飾（Interior Decoration）という語はそれより前の18世紀中頃にすでに見られます．このことから当初は，室内空間に対する関心の中心は装飾にあったようです．インテリアデザインの原初は，権力者や富裕者が，家具や織物，彫刻，絵画や各種装飾品により空間を飾り立てるインテリアデコレーション（室内装飾）であったとされています．今日では比較的装飾の少ない，あるいはなるべく排除された簡素なデザインも好まれる傾向があるように，装飾に対する考え方は当時と現代とでは大きく異なります．またインテリアデザインという概念が，一般の人々の生活空間で日常的な関心事となるのは，少なくとも近代以降のことのようです．

日本に関していえば，初めて「インテリア」というカタカナ語が使われるのは戦後になってからで，当時はテキスタイル，もっぱらカーテンやカーペット類を扱う狭い分野を指す業界用語でした．そもそも日本の伝統的な建物は木造の柱や梁（はり），土壁といった構造材や外装材が，そのまま内部空間にも表れる特徴から，建築とインテリアを分けて扱う概念は希薄だったと考えられています．日本でのインテリアデザインという言葉は明治維新後の洋風建築の導入とともに広まっていくこととなりました．

1.2　インテリアデザインへの関心の高まり

(i)　人口減少と空き家の増加

日本の総人口は有史以来一貫して増加傾向でしたが，2008年を境に減少に転じました．図1・2のグラフのように，近代以降の人口増加の上り坂の峠を越えると，それと同程度の勾配の人口減少の坂を駆け下りるとの予測もあります．

人口減少に伴い，空き家も増えています．欧米先進国では景気の変動に応じて空き家率も増減する傾向が見られる一方，日本では図1・3のように1960年代以降，増加の一途をたどっています．平成30年度住宅・土地統計調査によると空き家数は約849万戸，空き家率は13.6 %です．これは既存住戸の7～8戸に1戸は空き家であることを意味しています．

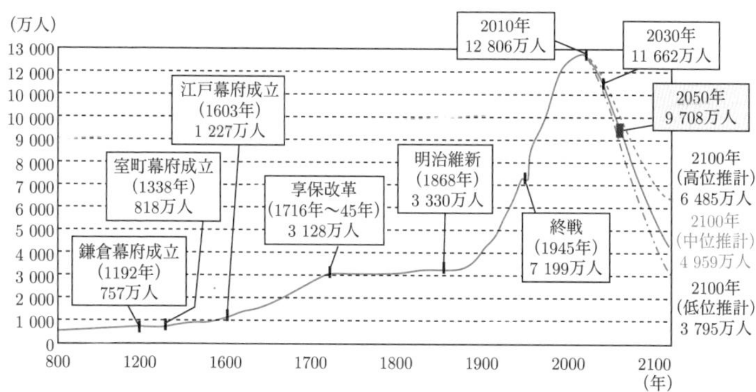

〔資料〕2010年以前は総務省「国勢調査」，同「平成22年国勢調査人口等基本集計」，国土庁「日本列島における人口分布の長期時系列分析」(1974年)，2015年以降は国立社会保障・人口問題研究所「日本の将来推計人口（2012年1月推計）」より国土交通省作成

〔出典〕国土交通省ホームページ，「国土の長期展望」

図 1・2　日本の長期人口推移と予測

人口減少や高齢化，空き家の増加，住宅一次取得者の雇用の不安定化などを背景に，新設される住戸の数は減少しています．図1・4のように2018年度の新設住宅着工戸数は約95万戸で，80年代から90年代の120～170万戸とくらべて大幅に減少しており，今後も減少傾向が続くだろうと予測されています．国内外の過去の事例から，空き家率が3割を超えるとインフラや公共サービスの維持が困難となり，財政破綻に陥る危険性も指摘されています．そうならないために放置された質の悪い空き家の除却や，余分な住戸部分の減築などを進める必要があり，関連法規や施策の整備も進められています．また住宅の長寿命化や既存の住宅を改修し，再生して活用するストック活用という概念が一層重要となっています．

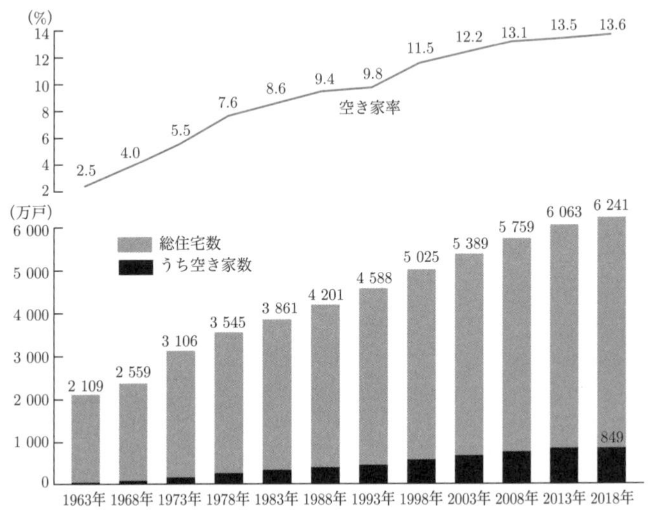

〔出典〕総務省統計局ホームページ,「平成30年住宅・土地統計調査」(一部改変)

図1・3　総住宅数，空き家数および空き家率の推移

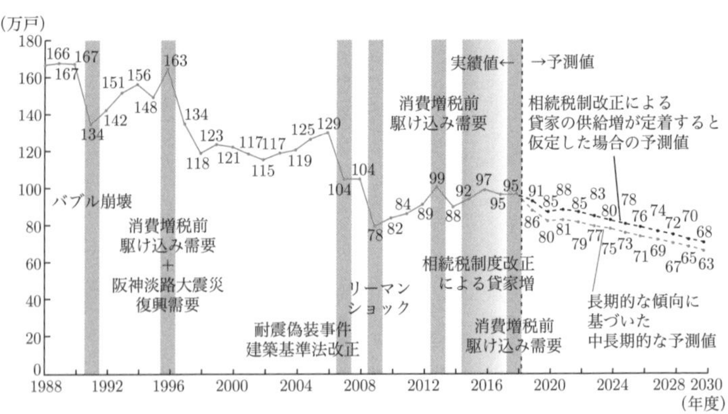

〔出典〕㈱野村総合研究所 ニュースリリース（2019年6月20日）
(実績値は国土交通省「住宅着工統計」より，予測値は㈱野村総合研究所)

図1・4　新設住宅着工戸数の実績と予測結果

(ii) 中古住宅の選択と流通の増加

図1・5のように，住宅着工戸数の減少の一方，既存住宅の流通量は増加しています．かつては住宅を新築して持ち家に居住することが多くの世帯の目標の一つとなっていましたが，近頃は中古住宅を取得したり，生涯を通して賃貸住宅に居住し続けることを選択する世帯も少なくありません．雇用形態の変化に加え，不動産価格の上昇や建築価格の高騰から，新築住宅の取得はかつてよりも難しくなっているといわれます．また，中古住宅取得への抵抗感の減少，居住や家族に関する伝統的な価値観の変化もみられます．新品を所有し，消費を繰り返すことへのあこがれは薄まり，中古であっても

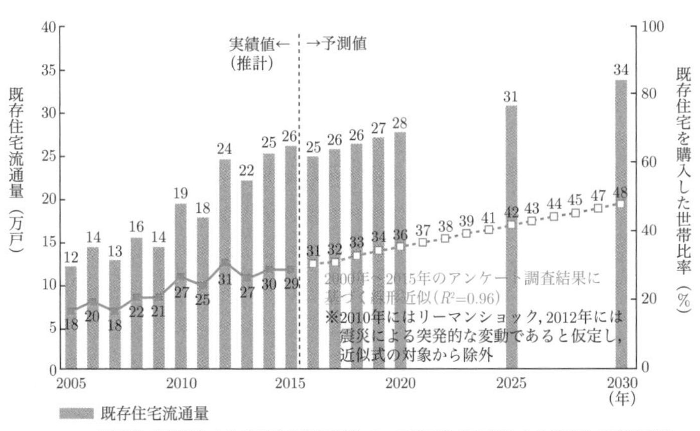

〔出典〕㈱野村総合研究所 ニュースリリース（2016年6月7日）
（国勢調査，総務省「人口推計」，国立社会保障・人口問題研究所「日本の世帯数将来推計」，総務省「住宅・土地統計調査」，NRI住宅購入者アンケート調査をもとに，㈱野村総合研究所が推計・予測）

図1・5　既存住宅流通量，既存住宅を購入した世帯比率の実績と予測結果

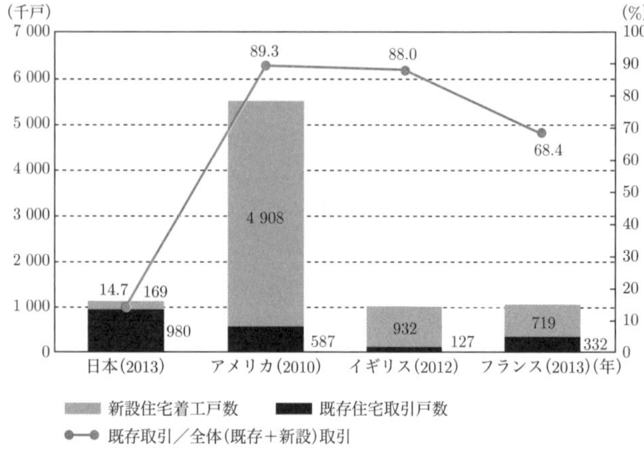

〔出典〕国土交通省ホームページ，「既存住宅流通量の推移と国際比較」
日本：総務省「平成25(2013)年住宅・土地統計調査」，国土交通省「住宅着工統計(平成25(2013)年計)」
アメリカ：U.S.Census Bureaw「New Residential Construction」,「The 2011Statistical Abstract」(データは平成22(2010)年)，http://www.census.gov/
イギリス：Department for Communities and Local Government「Housing Statistics」(データは平成24(2012)年)，http://www.communities.gov.uk/
フランス：Ministère de l'Ecologie,du Développement durable et de l'Énergie「Service de l'Observation et des Statistiques」「Conseil général de l'environnement et du développement」(データは平成25(2013)年)，http//www.driea.ile-defrance.developpement-durable.gouv.fr
注1) フランス：年間既存住宅流通量として，毎月の既存住宅流通量の年換算値の年間平均値を採用した．
注2) 住宅取引戸数は取引額4万ポンド以上のもの．なお，データ元である調査機関のHMRCは，このしきい値により全体のうちの12%が調査対象からもれると推計している．

図1・6　既存住宅流通シェアの国際比較（新設住宅着工戸数および既存住宅取引戸数の割合）の国際比較

年月を経たものに愛着を感じ，環境にも配慮する，所有せずに借りたり，他人と共有したりすることを好むなど，消費社会の慣習にとらわれず自らの価値観を尊重する風潮が確立されつつあるようです．

けれども，全ての住宅の流通量に対する中古住宅の流通量の割合は，欧米が60％～90％であるのに比べ，日本はまだ15％程度にとどまっています（図1・6）．中古住宅を選択する割合が欧米並みの水準に近づくのであれば，今後一層の流通量の増加が見込まれることになります．

(iii) 高まるインテリアへの関心

既存住宅の改修では，構造や外装におよぶ建物の大規模な改修が行われる場合もありますが，多くは図1・7，図1・8のように内装や水回りの設備の更新が中心となっています．既存住宅を取得して行う居住者の意向に沿ったリフォーム（改築）やリノベーション（再生）の需要や関心はかつてないほど高まっています．様々なメディアを通してインテリア関連の情報が広報され，関連業界の成長は著しく，他業種からの新規参入も増えています．生産，流通，販売までグローバルに展開するメーカーによる低価格で組立が容易な家具や住宅設備が普及し，DIYによる簡易なリフォームや趣味的なインテリアコーディネートを後押ししています．

このように中古住宅流通の増加，リフォーム需要の増加，インテリアデザインへの関心の高まりなどを背景に，インテリアデザインの専門家，インテリアデザイナーの活躍の場も広がっています．建築士は建物の全体構成や構造など建物全般を扱うのに対して，インテリアデザイナーは建物の内側，室内空間を専門に扱います．西洋の建物は主に石造やれんが造，コンクリート造でできていました．堅牢な建物躯体を計画することに対して，室内を美しく装飾するこ

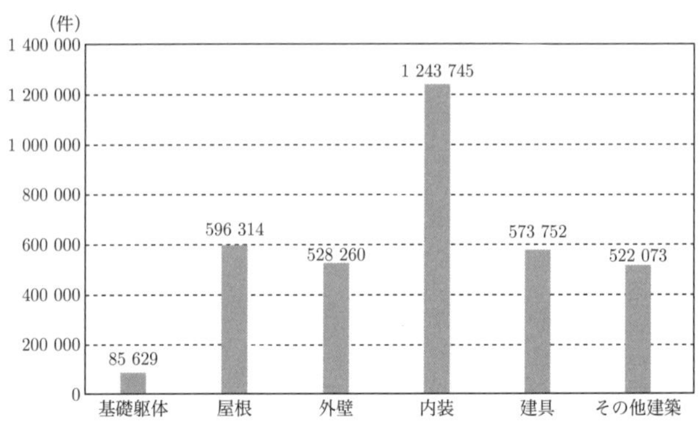

〔出典〕国土交通省ホームページ，「建築物リフォーム・リニューアル調査2018年度」

図1・7　リフォームの工事部位別受注件数（建築）

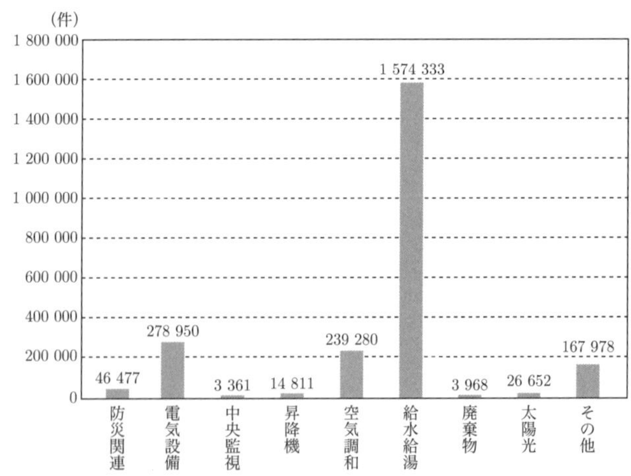

〔出典〕国土交通省ホームページ，「建築物リフォーム・リニューアル調査2018年度」

図1・8　リフォームの工事部位別受注件数（設備）

とは，対象の耐用年数や規模，用いる知識技能が異なるため，西洋では建物を扱う建築家ともっぱら室内を扱うインテリアデザイナーとに職能が分化したとされています．日本では，表1・1のように建築士に比べてインテリアデザインを専門とする資格の取得者はまだ少ないようです．生活の多くの分野でグローバル化が進んでいることからも，インテリアデザイン関連職能へのニーズは今後増加すると考えられています．リフォームに対する消費者の関心も，図1・9のように断熱・耐震補強に加え，キッチンや浴室，収納など家事に関連する部位が上位を占めています．またそのような部位のデザインには，使い勝手はもとより，各種素材の質感や手触り，清掃や維持管理のしやすさなどへの，生活者の立場に立った細やかな感性が求められます．これらは女性の関心が高い傾向にあり，インテリア

表1・1　建築・インテリア関連各種資格の概要

	業務範囲	人数（2018年）	関連省庁	受験資格	合格率（2018年）
一級建築士	建築物等	約36万人	国土交通省	大学建築学科卒業等※	12.5%
二級建築士	建築物等（規模に制限あり）	約76万人	国土交通省	工業高校卒業等※	25.5%
木造建築士	主に木造住宅	約1万7千人	国土交通省	工業高校卒業等※	35.8%
インテリアプランナー	インテリア	約7千人	国土交通省	制限なし※	28.1%
インテリアコーディネーター	インテリア	約5万7千人	経済産業省	制限なし	23.8%

※登録には所定の実務経験等が必要

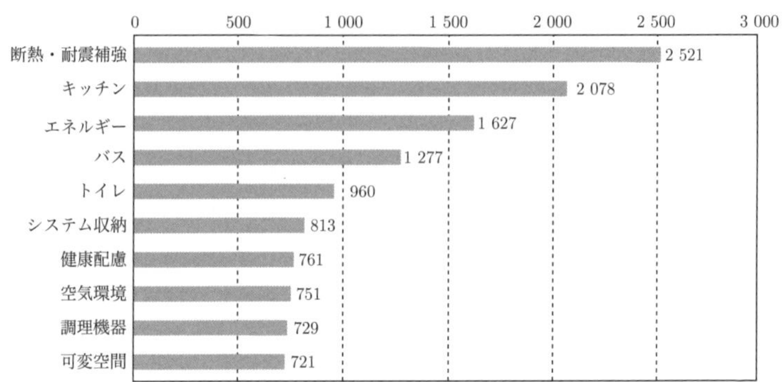

〔出典〕パナソニック㈱ホームページ，「2012年くらしスマート大投票調査結果」

図 1・9 リフォームしたい部位

の専門職にも人材が必要とされて多方面で活躍しています．インテリアデザイナーの需要や活躍の場は今後一層広がってゆくと思われます．

1.3 日本のインテリアデザインの歴史

日本はユーラシアの東，大陸とは内海で隔てられた島国で，その風土，気候，地政学的条件は，固有の文化を育みました．大陸の文明，文化が海から伝わる一方で，海に隔てられて同化することなく，外来の文物を取り入れ咀嚼（そしゃく）しながら独自の建築，インテリアの文化を形成しました．その歴史的経緯を知ることは，現在の日本のインテリアデザインを考える拠（よ）り所を与えてくれることと思います．

(i) 古代

(1) 縄文時代（紀元前14 000年〜紀元前4世紀頃）

縄文時代の人々は農耕を営まず，貧富の差もあまりなく，自然の洞窟や竪穴（たてあな）住居に暮らしていたと考えられています．雨風をさえぎる草葺（くさぶ）きの屋根を柱や梁（はり）で掲げる技術は未発達で，地面に直接屋根を覆い被せ，内部を50cmほど掘り下げて起居空間を確保していました．

〔写真提供〕国営海の中道海浜公園事務所

図1・10　復元された竪穴住居

⑵　弥生時代（紀元前4世紀～3世紀頃）

大陸の秦や漢から米や金属をつくる技術が伝わり，人々の生活は狩猟採集から定住農耕に移行しました．穀物の保存により富を蓄えた富裕者は，竪穴住居より規模が大きく，屋根は柱梁（ちゅうりょう）を組んだ架構（かこう）で高く掲げられ，壁には開口部のある平地式建物に住んだとされます．この平地式建物は後の民家の原型となります．穀物を地面の湿気や虫から遠ざけて貯蔵するために，高床式の建物もつくられました．

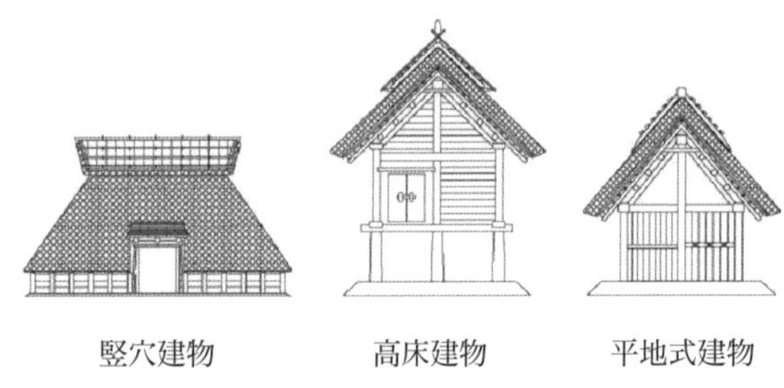

〔イラスト提供〕国営海の中道海浜公園事務所

図1・11　弥生時代の建物

(3)　古墳時代（3世紀中頃〜7世紀頃）

大和（やまと）政権が確立する頃，床のある高床住居が現れました．そこには高温多湿な大陸南部や東南アジアの住居様式との類似が見られます．高床住居は現在の建物の基本要素である床，壁，屋根を持ち，その後，高位の人々の住居や寺社建築へと展開していきます．一方，竪穴住居は土間式の庶民の住居として使われ続け，中世，江戸期に至るまでその遺構が見つかっています．

コラム 神明造と大社造

神明造は平面的な屋根を持つ日本独自の建築様式で，棟に平行な面に出入口を持つ平入り．伊勢神宮に代表され，20年毎に社殿を造り替える式年遷宮は，天武天皇が定めた頃から現在まで1 300年以上にわたって行われている．

大社造は曲面の屋根を持ち，平面は正方形に近い．棟に直行する面に出入口を持つ妻入り．出雲大社に代表される．

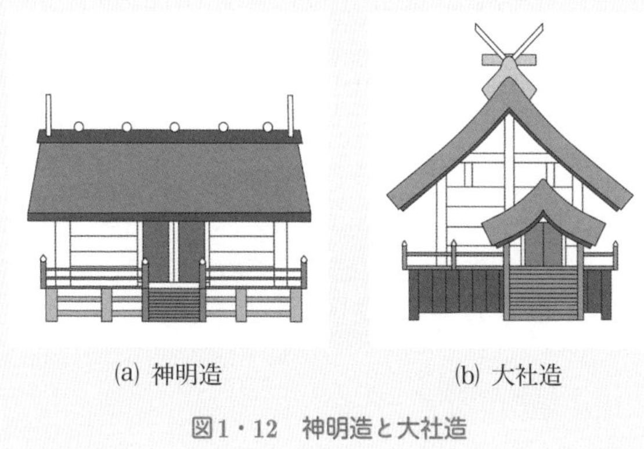

(a) 神明造　　(b) 大社造

図1・12　神明造と大社造

⑷　飛鳥奈良時代（6世紀末～794年）

仏教とともに大陸の隋や唐から先進的な建築技術が伝来しました．飛鳥寺，四天王寺，法隆寺，薬師寺（図1・13），校倉造で有名な正倉院正倉（図1・14）などがこの頃に建てられました．これらの建物には，反り返りを持つ瓦葺きの屋根，白木でなく彩色された柱や外装材，軸線や対称を基本とする寺院配置（法隆寺は非対称）などの大陸の建築様式の影響がみられます．これらの建物はいずれも落雷や火災等を受けて再建されたものです．

〔出典〕薬師寺ホームページ

図1・13　薬師寺金堂（奈良市）

〔出典〕宮内庁ホームページ

図1・14　正倉院正倉（奈良市）

(5)　平安時代（794年～1185年）

奈良の平城京から京都に都が遷（うつ）ります．唐の長安に倣（なら）った都市がつくられる一方で，日本らしい文化が開花します．片仮名，平仮名が広がるとともに，源氏物語などの文学が著されました．表1・2のように建築様式でも独特の優美さや清楚さをそなえる寝殿造が生まれました．これらの日本らしい芸術や文化の風潮は，飛鳥奈良時代の唐風（からふう）に対して国風（こくふう）と呼ばれます．

表1・2 大陸式との違い

大陸の宮殿建築	国風の寝殿造
土間式	高い位置に床が張られる
瓦葺(かわらぶ)きの屋根	檜皮葺(ひわだぶ)きの屋根（※1）
丹土塗(につちぬ)り（※2）	白木のまま
屋内でも履き物を履く	屋内では履き物を脱ぐ
寝台の上に寝る	畳上に直接寝る
椅子式の生活	座式の生活
個室本位	開放的な大部屋

※1 檜(ひのき)の樹皮を使って屋根を葺(ふ)くこと．
※2 丹土(につち)という赤土を使った渋い赤色の塗り．

〔参考文献〕太田静六著『寝殿造の研究』，吉川弘文館，1987年

●寝殿造

平安後期の貴族の住居の建築様式として，日本独特の邸宅建築である寝殿造が形成されました．その後の和風住宅の起源とされています．最も大規模なものとして東三条殿(ひがしさんじょうどの)があります．図1・15のように寝殿を中心として東西に対(たい)が配置され，それらを渡殿(わたどの)がつないでいます．

寝殿の表側では，建具や調度により生活や儀式に合わせた場を適宜設営する，しつらい（室礼，鋪設）が行われていました．軸組構造の開放的な一体空間を御簾(みす)や几帳(きちょう)，屏風(びょうぶ)などで仕切り（図1・16），必要な場所に畳や家具を配して様々な目的に合うように変容させて使用していました．現在でも和風住宅では家具や什器(じゅうき)（日用品）を出し入れして使用するように，この概念の名残がみられます．

図1・15　東三条殿の構成

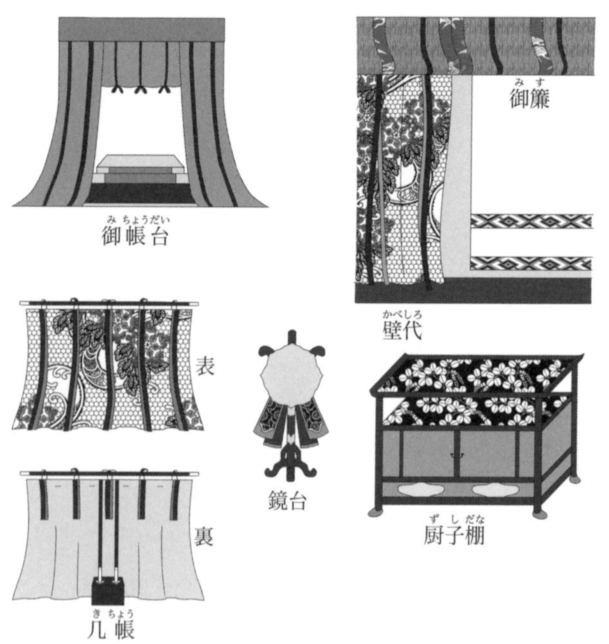

図1・16　室礼の調度

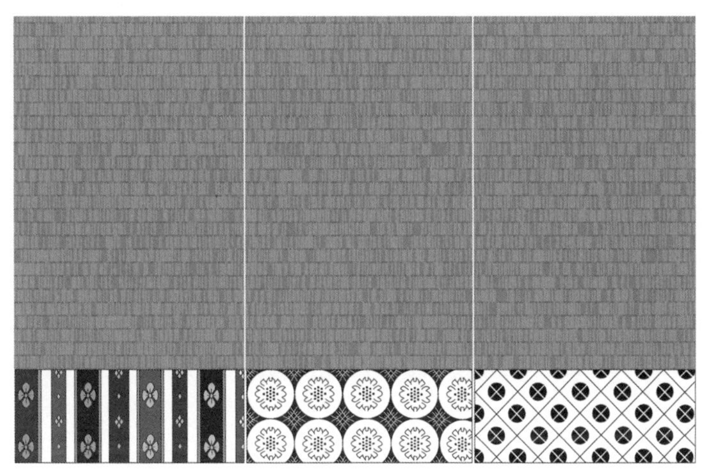

〈繧繝縁〉　〈大紋高麗縁〉　〈小紋高麗縁〉

図1・17　繧繝縁などの畳縁の種類

用いられる調度の種類として，畳，茵（畳の上に敷く敷物）などの「座臥具」，屏風，几帳，壁代，御簾などの「障屏具」，櫃（ふたのついた大型の箱），箱，厨子棚などの「収納具」があります．この頃の畳は貴重で，敷き詰めずに人が座るところに置くものでした．

畳縁には図1・17のように繧繝模様などの座る人の地位を表す装飾が施されていました．繧繝とは色の濃淡を次第に変化させた層状の模様を繰り返す彩色法のことです．繧繝縁は最高位の畳縁で天皇や皇后が用い，その家臣や公卿は高麗縁を用いていたようです．

(ii)　中世

(1)　鎌倉時代（1185年～1333年）

鎌倉に幕府が開かれ，文化の中心は貴族から武士に移ります．武士の住宅の形式を武家造と呼ぶ場合もありますが，寝殿造の構成が基本となっています．当時の武士の館には蔀戸（しとみど）（上下2枚に分かれた格子の付いた板戸）や障子（しょうじ），襖，屏風などがみられますが，別棟の建物は厩（うまや）（馬小屋）となっていたり，屋敷の周りは塀と門で囲われていたりするところが異なります．

一方，この頃の寺院建築は，表1・3のような様式に分類されます．

表1・3　和様，大仏様，禅宗様（ぜんしゅうよう）の概要

様式	主な建物	場所	建築時期	特徴
和様	三十三間堂（さんじゅうさんげんどう） （図1・18）	京都市	12世紀中頃	柱細く 天井低い， 日本風
大仏様 （天竺様（てんじくよう））	東大寺南大門（とうだいじなんだいもん） （図1・19）	奈良市	12世紀末	力強い構成， 大陸風
禅宗様 （唐様（からよう））	円覚寺舎利殿（えんがくじしゃりでん） （図1・20）	鎌倉市	13世紀末	花頭窓（かとうまど）など 装飾的な造作， 中国寺院風

(2)　室町時代（1336年～1573年）

京都に幕府が移り，それまでの武家文化に公家の文化や禅僧による宋や元の文化が混交する中で，書院造という新たな建築様式が生まれます．

●書院造

寝殿造をもととして，その接客空間が発達した様式であるとされ

図1・18　三十三間堂（京都市）

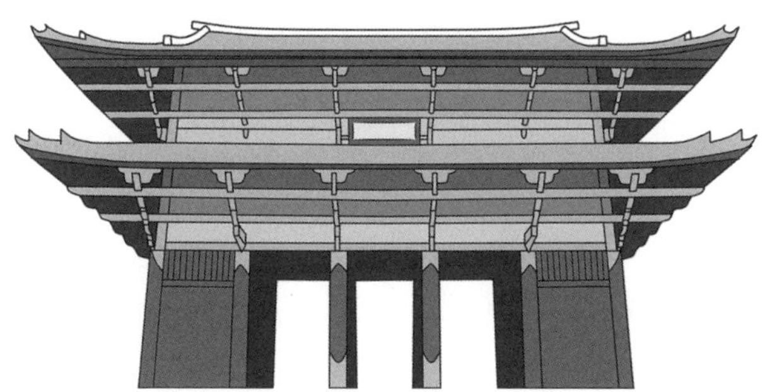

図1・19　東大寺南大門（奈良市）

図1・20　円覚寺舎利殿（鎌倉市）

ています．現在の和室の原型となる床の間や付書院などの要素が確立されました（図1・21）．書院造の特徴は，部位毎に次のようにまとめられます．

①　畳

屋敷内が部屋に仕切られ，畳はやがて全面に敷き詰められます．これが「座敷」という名称の由来となりました．

②　天井

寝殿造ではみられなかった天井が，様々な形式に展開します．さお縁天井をはじめ，木を格子に組み，板をはめ込んだ格天井や折上格天井などの豪華な形式も現れます．

③　建具

障子，襖，舞良戸（横桟を等間隔に取り付けた板戸）といった引戸形

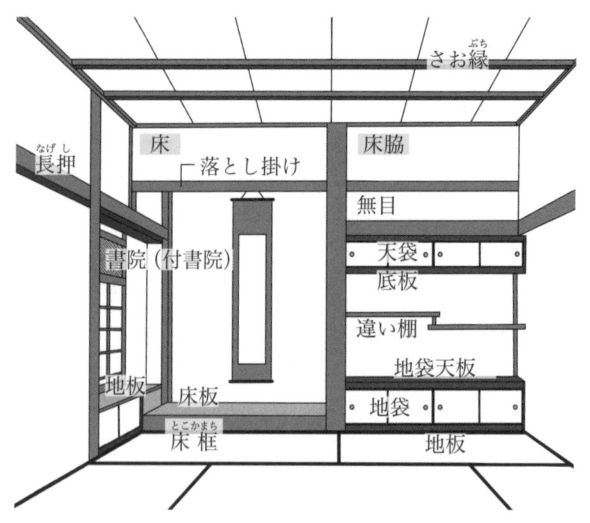

図1・21　現在の和室と各部の名称

式の建具が，柱の間に立て込まれます．障子とはもともと，戸，衝立，襖などの建具の総称でした．桟に紙が貼られた，現在の一般的な障子は明かり障子と呼ばれ，この頃から使用され始めました．

④ 床

壁に掛けられた軸物の手前に置かれる，図1・22のような三具足を載せる卓子（机のこと）が建築化して床の間になったとされています．接客時に身分の上下関係を示すために設けた床の段差も，床の間の形成につながったと考えられています．

⑤ 棚

寝殿造の棚や厨子（仏像などを安置するもので，両開きの扉や屋根のついた仏具）が，造り付けの棚に変化したとされます．床の脇に設けられる違い棚が典型です．

⑥ 書院

書院とは書斎の意味で，もともとは僧侶が使う床の横のせり出した窓に造り付けた出文机に由来する付書院のことでしたが，後に書院を持つ建物全体を指すようになりました．付書院は後に，床の横

図1・22 香炉，花立，燭台の三具足が載せられた卓子

〔イラスト提供〕PIXTA

図1・23　鹿苑寺舎利殿（金閣・右）と慈照寺観音堂（銀閣・左）

の庭に面する部分の特に機能を持たない装飾に形を変えました．

また，この時代に金閣と銀閣（または北山殿と東山殿）として広く知られる寺院が建立されました（図1・23）．

鹿苑寺舎利殿（通称「金閣」）は，1階が寝殿造住宅風，2階が和様仏道風，3階が禅宗様仏道風と，各階が異なる様式を持ち，その2，3階が金箔で覆われる楼閣建築（2階建て以上の建築）です．

慈照寺観音堂（通称「銀閣」）は2階建てで，当初上層は黒漆で塗られていました．寺内の東求堂にある同仁斎という四畳半の部屋には，付書院や違い棚など初期の書院造の典型がみられます．東山文化の作品では，他にも枯山水の庭園である龍安寺の石庭や雪舟の絵画などが知られます．

(iii) 近世

(1) 安土桃山時代（1573年～1603年）

安土城，大坂城，姫路城などの城郭建築が各領地に築かれます．二条城二の丸御殿は城主の居館で，書院造の形式に狩野派の障壁画による絢爛（けんらん）豪華な装飾が施されています（図1・24）．

豪壮な城郭建築の一方，草庵風の茶室などでは，接客のための茶の湯の文化が発達しました．茶の湯は千利休らにより，建築や庭をはじめ，道具，掛け物，立ち居振る舞いに至るまで体系化され，芸術の域に高められました．

京都府乙訓（おとくに）郡にある妙喜庵待庵（みょうきあんたいあん）は，千利休の作とされる日本最古の茶室です．図1・25のように茶席は2畳，全体の広さが4畳半の小さな平面構成で，内壁はわらすさ（土壁塗りに混ぜて使う稲わら）が表れる黒ずんだ荒壁仕上げとなっています．図1・26にみられる土壁の塗り残された部分に下地の小舞（細い竹等を縄で縦横に組んだもの）が表れる下地窓は，民家で用いられていた意匠を採り入れたものです．

千利休に学んだ織田有楽（うらく）（織田信長の弟，長益（ながます））による如庵（じょあん）（愛知県犬山市）もまた名席として知られます．図1・27のように，古暦を腰壁に貼った暦張（こよみば）りや，上貼りで周囲をくるんだ太鼓張（たいこば）り襖（ふすま），アーチ状の開口部の火灯口（かとうぐち）などがみられます．

柱などの各部材の寸法の比例関係を定めた木割（きわり）は，桃山時代に一層明確になり建物全体におよびました．

〔写真提供〕元離宮二条城事務所

図1・24　二条城二の丸御殿　大広間 一の間・二の間（京都市）

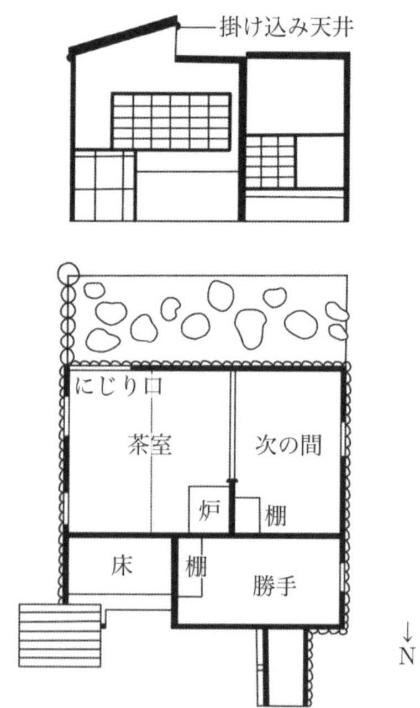

図1・25　妙喜庵待庵の断面図・平面図

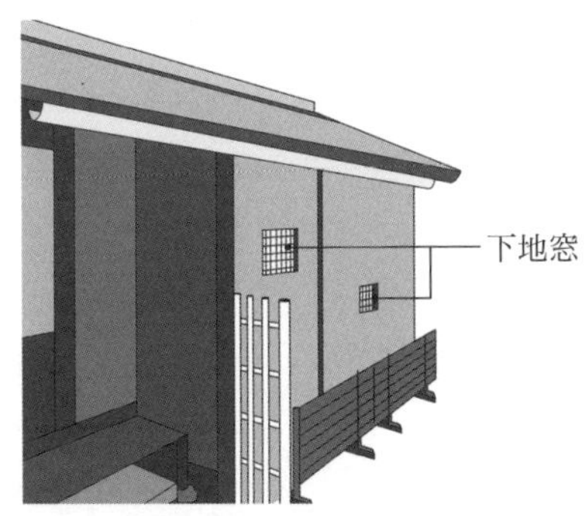

図1・26 妙喜庵待庵の外観（京都府乙訓郡大山崎町）

〔写真提供〕名古屋鉄道株式会社

図1・27 如庵（犬山市）

⑵ 江戸時代（1603年～1868年）

家光の代から約200年間鎖国が続き，科学技術などで他国に後れをとる一方で，歌舞伎や浮世絵など独自の文化が醸成されました．

●数寄屋造

数寄は「好き」の当て字で風雅の道のことで，茶の湯などを好むことを指しました．書院造をもとにして，茶室建築の手法を取り入れた住宅などの建築様式を数寄屋造と呼びます．書院造の確固とした形式に縛られず，自由で軽妙な構成がみられることが特徴です．

桂離宮（かつらりきゅう）（桂別業）は，京都の桂にある八条宮智仁親王の別邸で，回遊式の庭園に数寄屋風の建築が配されています（図1・28）．庭園と建

〔写真提供〕宮内庁京都事務所

図1・28　桂離宮 書院（京都市）

〔写真提供〕宮内庁京都事務所

図 1・29　桂棚（桂離宮）

築が調和した全体構成，簡素で軽妙な建物の形式は，後に国内外のモダニズム建築家にも影響を与えました．桂棚（図1・29）は，修学院離宮（しゅうがくいんりきゅう）の霞棚（かすみだな）（図1・30），醍醐寺三宝院（だいごじさんぼういん）の醍醐棚（だいごだな）とともに三名棚と称されています．違い棚の各部の名称は図1・31のとおりです．

〔写真提供〕宮内庁京都事務所

図1・30　霞棚（修学院離宮・京都市）

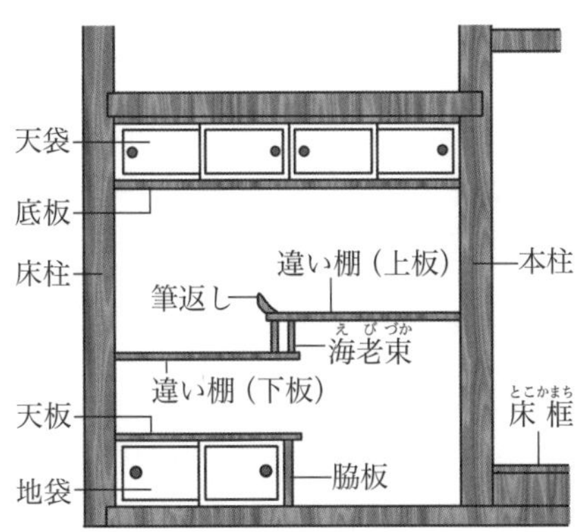

図1・31　違い棚の各部の名称

桂離宮と同時期につくられた建物に日光東照宮(にっこうとうしょうぐう)があります．日光東照宮は権現造(ごんげんづくり)と呼ばれ，権現（家康）を祀(まつ)る神社です．桂離宮が優美な宮廷文化を具現するのに対して，日光東照宮は絢爛(けんらん)豪華な装飾性をそなえるため，両者はよく対比されます．

この時代の大名の邸宅は豪華なものも多くありましたが，明暦の大火（1657年）以降は贅沢(ぜいたく)を禁じる統制が行われ，表向きは質素でも内部の造作や素材に趣向を凝らす傾向が広まりました．農家でも，

図1・32　日光東照宮（日光市）

〔写真提供〕富士山かぐや姫ミュージアム

図1・33　かぶと造（旧稲垣家住宅・富士市）

〔写真提供〕岐阜県白川村役場

図1・34　合掌造（白川郷合掌造建物）

庄屋(しょうや)のような階級と小作とでは大きな格差がありました．様々に技巧を凝らした装飾がみられる室内空間として，京都の島原花街の角屋(すみや)などがあります．一方，各地方の風土に根付いた特徴的な住宅として，岩手県の「曲り屋」，新潟や秋田県の「中門造(ちゅうもんづくり)」，山梨県や静岡県などの「かぶと造」（図1・33），長野県の「本棟造(ほんむねづくり)」，富山や岐阜県の「合掌造(がっしょうづくり)」（図1・34），奈良県などの「大和棟(やまとむね)」，佐賀県などの「くど造」などが知られています．

⒤ 近代

(1)　明治時代（1868年～1912年）

政府は欧米列強にならぶ近代国家を目指そうと，専門知識技能を有する外国人を招へいし，様々な分野で指導を受けました．建築分野では，英国人建築家のジョサイア・コンドルは鹿鳴館(ろくめいかん)，ニコライ堂，三菱一号館（図1・35）などを設計するとともに，造家学科の教授となり辰野金吾ら日本人建築家を育てました．庶民は江戸時代と変わらぬ暮らしぶりでしたが，中産階級には洋風化の風潮が及び，和風の住宅に応接間や書斎を設ける和洋折衷の様式が流行しました.

〔写真提供〕三菱地所㈱ 美術館室

図1・35　1894（明治27）年竣工当時の旧三菱一号館
設計：ジョサイア・コンドル

コラム　architecture：造家→建築

architectureという外来語は当初は「造家」と訳されていましたが，その後，建築家の伊東忠太（いとうちゅうた）（1867-1954）により，工学だけでなく総合芸術の意味を与えるため，「建築」という言葉があてられたとされています．同様にそれまで日本には設計，監理の専門家である建築家（architect）はおらず，大工棟梁（とうりょう）が設計から施工まで行っていました．

(2)　大正時代（1912年～1926年）

大正デモクラシーの潮流が生活にも及び，都市部では一般世帯にも電気，水道，ガスの供給が行われます．廊下の南側に居室，北側に台所，浴室，女中室を配置する中廊下式住宅が普及しました．この頃，フランク・ロイド・ライトは大谷石（おおやいし）を使ったインテリアで有名な旧帝国ホテルや旧山邑（やまむら）家住宅（ヨドコウ迎賓館，図1・36）を設計しました．関東大震災の復興期には，鉄筋コンクリート造による現代的な意匠の東京中央郵便局（図1・37）や同潤会アパートが建築されました．

〔写真提供〕㈱淀川製鋼所

図1・36　国指定重要文化財　ヨドコウ迎賓館（旧山邑家住宅）
設計：フランク・ロイド・ライト

〔写真提供〕郵政博物館

図1・37　東京中央郵便局（関東大震災の復興期に建築されたもの）
設計：吉田鉄郎（逓信省営繕課）

(v)　現代

(1)　昭和時代以降（1926年〜）

戦後の住宅不足解消のために日本住宅公団が設立され，公団住宅に採用された食寝分離を原則とする2DKの間取りは，その後の集合住宅の原型となりました（図1・38）．1950年代頃からインテリアデザインという言葉が日本でも使われるようになります．

高度成長期以降は，モダニズムに日本建築の伝統様式を融合させた丹下（たんげ）健三をはじめ，安藤忠雄，伊東豊雄，隈（くま）研吾，妹島（せじま）和世，西沢立衛（りゅうえ）など，多くの建築家が国内外で活躍しました．西洋建築の模倣にとどまらない，日本の現代建築が萌芽した後は，現在に至るまで隆盛であり続け，国際的な評価を確立しています（図1・39，図1・40）．

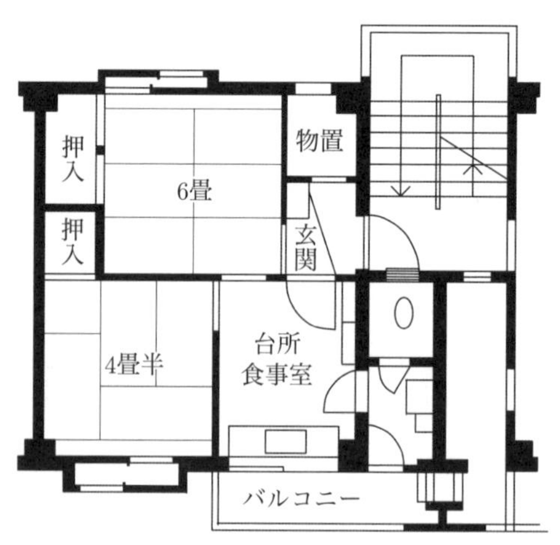

図1・38　公営住宅標準設計C型（51C型）の住宅平面

〔写真提供〕妹島和世＋西沢立衛／SANAA

図1・39　金沢21世紀美術館
設計：妹島和世＋西沢立衛／SANAA

〔写真提供〕JSC
注）パース等は完成予想イメージであり，実際のものとは異なる場合があります．植栽は完成後，約10年の姿を想定しております．

図1・40　新国立競技場イメージパース
（大成建設・梓設計・隅研吾建築都市設計事務所JV作成）

1.4　西洋のインテリアデザインの歴史

衣食住をはじめ生活全般において，私達は西洋に由来する文明や文化の影響を大きく受けています．西洋の古典から現代までの建築やインテリアの歴史もまた，現在の日本のインテリアデザインの成立に深く関わっていることが分かります．

(i)　古代

(1)　先史時代

1万数千年前に描かれたアルタミラ洞窟（どうくつ）（スペイン），図1・41のラスコー洞窟（フランス）にみられる洞窟壁画は，太古の時代から生活空間を装飾する習俗があったことを示していて，インテリアデコレーションの原初ともみなされています．住居群の最古の遺跡としては，日干しれんが（アドベ）でつくられたチャタル・ヒュック（トルコ）があります．洞窟や竪穴住居などの原始住居は，風雨や外敵から生命

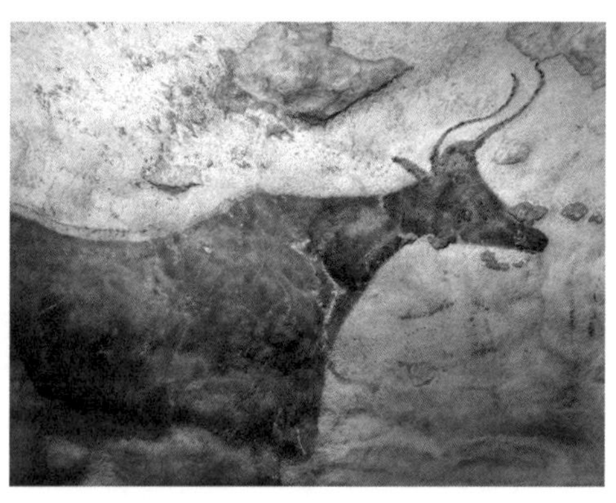

〔写真提供〕PIXTA

図1・41　ラスコー洞窟の壁画

や財産を防御することが主な役割であったとされています.

(2) エジプト(紀元前3000年〜紀元前30年頃)

統一国家が形成され，高度な建築技術を用いた巨石による大規模な建造物が築かれました．紀元前28〜23世紀頃には家具の使用がみられます．ツタンカーメン王墓の副葬品の玉座には，金箔や象嵌(ぞうがん)(金属や木材の表面に他の材料をはめ込むこと)，ライオンの頭部や脚部を模した彫刻などの豪華な装飾が施され，神殿の柱頭にはエジプトを象徴する植物のロータス(睡蓮(すいれん))やパピルスをかたどった装飾がみられます(図1・42)．高位者は大規模な住居に住み，椅子を用いた生活を営んでいました.

〔写真提供〕㈱オリバー

図1・42 ツタンカーメン王の黄金の玉座のレプリカ

(3) メソポタミア(紀元前3000年〜紀元前2000年頃)

ギリシア語で「河の間」を意味するメソポタミアはチグリス川とユーフラテス川の流域一帯を指します．建材では，日干しれんがに加え，焼成れんがも使用されるようになります．構造では，アーチやヴォールト，ドーム（コラム参照）といった高度な形式がみられるようになります．ウル（現在のイラク）の遺跡からは，中庭の周りに部屋が配置される中庭式住宅が発掘されました．2階建ての中央に吹き抜けの中庭があり，それに面して木造の回廊が架けられる形式がみられます．

コラム　開口部や屋内空間をつくる石の積み方

組積造（そせきぞう）で，垂直方向から水平方向に石積みを連続させ，安定させる技術によって，壁の中の窓や出入口，屋根に覆われた空間をつくることが可能になりました．

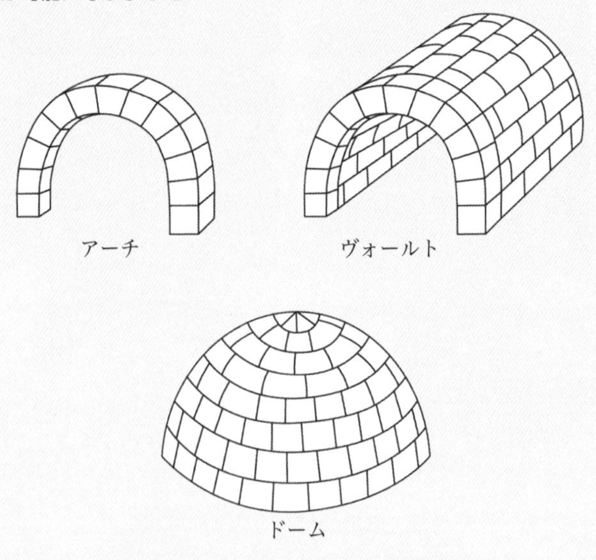

図1・43　アーチ，ヴォールト，ドーム

(4)　ギリシア（紀元前2000年～紀元前30年頃）

エーゲ海のクレタ島のクノッソス宮殿は，中央の中庭の周りを数百の部屋が取り巻く平面構成をしていました．建材では木や石，土，スタッコ（化粧しっくい）などが使用されました．壁面には人物，動植物，海中の生物などが，生き生きと描かれています．衛生関係の設備では，浴室，水洗便所，排水網などがすでに整備されていました．

オーダーとは，パルテノン神殿などの古典建築の，礎盤・柱身・柱頭・エンタブラチュアの要素や順序，比例関係の法則のことです（図1・44）．その後の西洋のインテリアにみられる付け柱（壁面に取り付けたり埋め込まれた装飾的な柱）や繰形（くりがた）（断面が装飾的な，建具などに用いる細長い建材）の意匠は，ギリシアや後のローマのオーダーを模範とすることがよくみられます．

この頃の住宅は比較的簡素で，家具も実用的で装飾の少ないものが使用されていました．クリスモスという木製の椅子，クリーネと

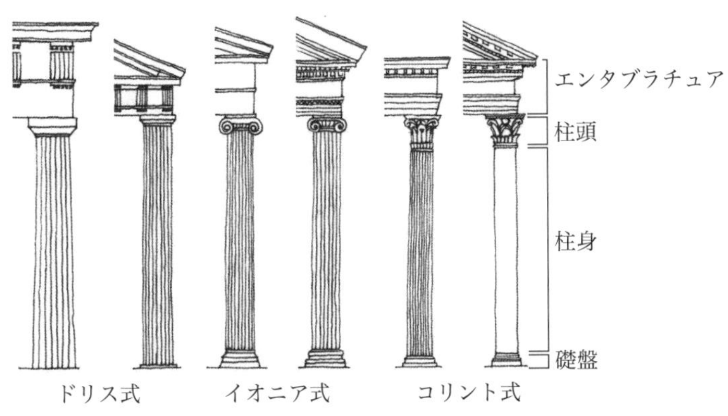

図1・44　ドリス式，イオニア式，コリント式のオーダー

図1・45　クリスモス（椅子）

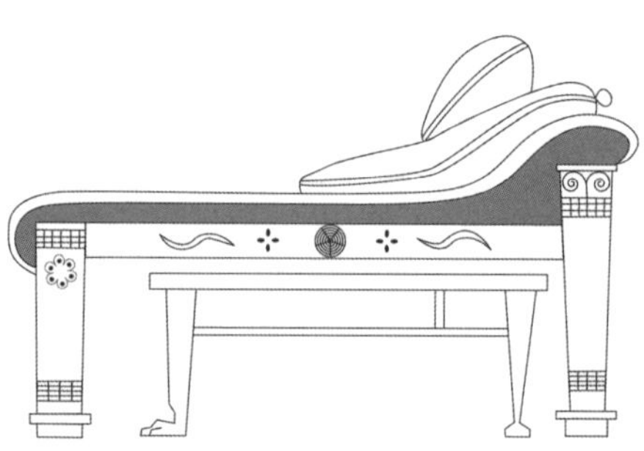

図1・46　クリーネ（寝椅子）

いう寝椅子が知られ，クリーネは後のソファやカウチの原型とされています（図1・45，図1・46）.

⑸　ローマ（紀元前753年〜476年）

　ローマの建築や家具は，ギリシア時代後期にオリエント文化と融合したヘレニズム文化の影響を受けながら，一層豪華，贅沢になります．上流階級の人々は寝椅子に横たわりながら会食する習慣があったそうです．また，ローマン・コンクリートやアーチ，交差ヴォールト，ドーム（図1・47）など，高度な建築材料や技術が生まれました．

ポンペイ遺跡の発掘で明らかになったドムス（Domus）と呼ばれる高級な独立住宅は，図1・48のように天窓や雨水を受ける水盤のあ

〔写真提供〕Shutterstock

図1・47　パンテオンのドーム内部（イタリア）

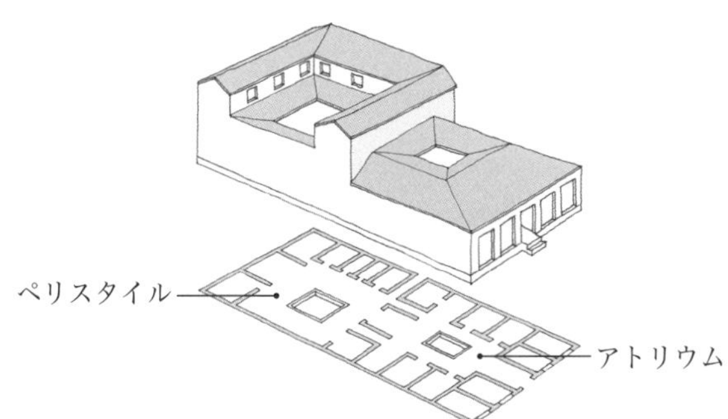

〔出典〕User Ohto Kokko on fi.wikipedia - from Image:Domus suomi.png, fi text blanked out by W!B:, CC 表示-継承 3.0, https://commons.wikimedia.org/w/index.php?curid=3359131による（一部改変）

図1・48　ドムスの構成

る「アトリウム」（図1・49）と，列柱廊で囲まれた庭園を中心とする生活空間の「ペリスタイル」（図1・50）を中心として構成されていました．インスラと呼ばれる集合住宅では，1階に棟割長屋形式の店

〔出典〕Luigi Bazzani - National Gallery of Art http://www.nga.gov/exhibitions/2008/pompeii/villa_houses.shtm Wikimedia Commons member Amadscientist, パブリック・ドメイン, https://commons.wikimedia.org/w/index.php?curid=6654888による

図1・49　アトリウム

図1・50　ペリスタイル

舗兼用住宅のタベルナ（飲食店），2階に高級な貸家，3階に小さな貸家というように，異なる階層の人々が一つの中層建物に同居していました．当時の家具では，ビゼリウムという腰掛けや，レクタスという寝椅子が知られています（図1・51）．

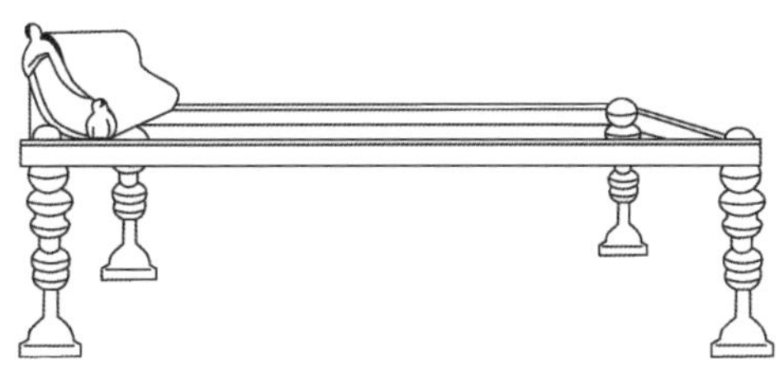

図1・51　レクタス（寝椅子）

(ii)　中世

(1)　ビザンチン（330年～15世紀頃）

東ローマ帝国の首都がコンスタンチノープル（ビザンチウム）に遷（うつ）り，ギリシアやローマの文化とキリスト教やイスラムの文化が融合した様式が生まれました．この頃の建築には，イスタンブールのハギア・ソフィア寺院やベネチアのサン・マルコ寺院などがあります．マクシミニアヌスの司教座は，図1・52のように東洋的な装飾が特徴的です．

図1・52　マクシミニアヌスの司教座

(2)　イスラム（750年～16世紀頃）

イスラム教は西アジア，北アフリカ，スペインなどのアラブ人の間で広まり，各地にモスクがつくられました．宮殿建築では獅子の中庭で知られるグラナダのアルハンブラ宮殿があります（図1・53）．装飾にはつる草などを模した幾何学模様によるアラベスクという様式（図1・54）や，多様な形状のアーチ（図1・55）が用いられました．

〔写真提供〕Shutterstock

図1・53　アルハンブラ宮殿　獅子の中庭（スペイン）

図1・54　アラベスク

図1・55　イスラムのアーチ

(3)　ロマネスク（10世紀末〜12世紀頃）

十字軍によりイスラムに対抗した西ヨーロッパは「ローマ風」を意味するロマネスク様式を生みました．イタリアのトスカーナに立つピサの大聖堂（図1・56）にはビザンチンのモザイク，イスラムの尖頭アーチ，ローマの列柱などがみられます．家具の種類は少なく，重厚な板組の簡素なチェストなどが知られます．室内には東方起源のタペストリーなどが飾られました．

〔写真提供〕Shutterstock

図1・56　ピサ大聖堂（イタリア）

(4)　ゴシック（12世紀後半〜15世紀頃）

尖頭アーチ，リブボールト，フライングバットレスなど（図1・57）

の発達した構造技術により，高い天井や大きな開口部が可能となり，垂直線が顕著な室内空間が生まれました．建築ではノートルダム（パリ）大聖堂（図1・58），ケルン大聖堂，ミラノ大聖堂，ブリュッセル市庁舎などがあります．家具は，オーク材などによる框組（かまちぐみ）（方形に組んだ角材の枠（框）に，平らで大きな鏡板を張ったもの）の板張り構造の発達により大型化しました（図1・59）．装飾でも建築と同様に，リネ

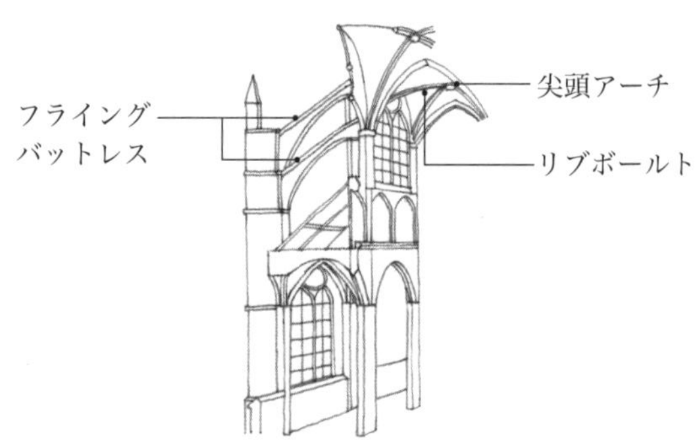

図1・57　尖頭アーチ，リブボールト，フライングバットレス

〔写真提供〕Shutterstock

図1・58　ノートルダム大聖堂（フランス，2019年4月に一部焼失）

ンフォールド（ひだ模様，図1・60），フランボワイアン（火炎模様，図1・61）などが用いられました．住宅では，ガラス窓や格天井，外壁に木組みが表れるハーフティンバーなどがみられます．

図1・59　ゴシックの司教座　　図1・60　リネンフォールド（ひだ模様）

図1・61　フランボワイアン（火炎模様）

ⅲ　近世

(1)　ルネサンス（14世紀～16世紀頃）

中世の教会や封建領主から人々を解放し，人間性の復興のためにギリシアやローマの古典文化の再生を目指した文化運動をルネサンスといいます．建築や家具では，オーダーやシンメトリー（対称性），厳格なプロポーション（比率）などの古代の造形原理が模範となりました（図1・62）．宮殿などのインテリアは豪華になり，大理石や寄

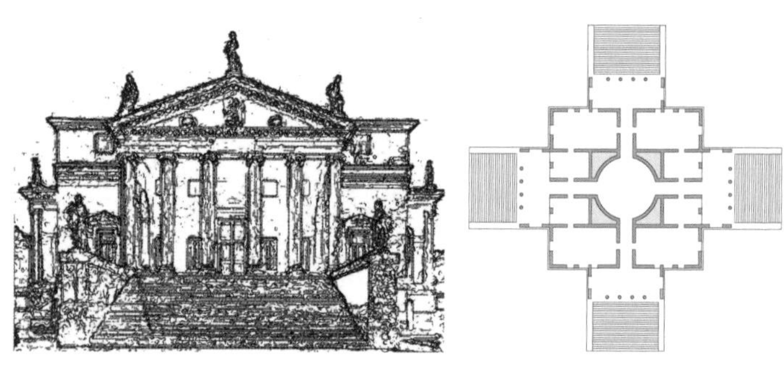

図1・62　ヴィラ・ロトンダ（イタリア）のファサードと平面構成
設計：アンドレア・パラディオ

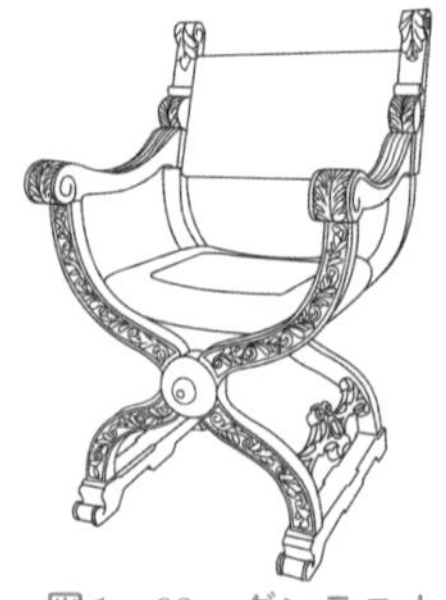

図1・63　ダンテスカ

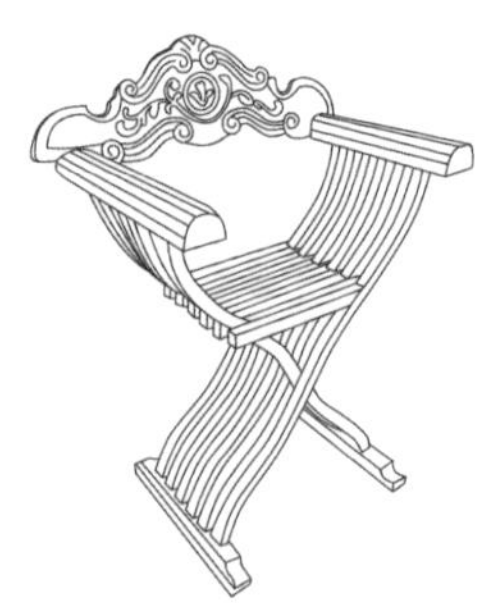

図1・64　サヴォナローラ

せ木の床，羽目板張り（木の板を平らに張ること）の壁，壮大な絵画が描かれた天井などがみられます．ダンテが使用したとされるダンテスカ（図1・63）や，修道士の名にちなむサヴォナローラという椅子（図1・64），カッソーネという装飾品を兼ねたチェスト，カクトワールという婦人用の談話椅子（図1・65）などの家具がよく知られます．いずれもシンメトリーを基本とする古典的な造形がみられます．

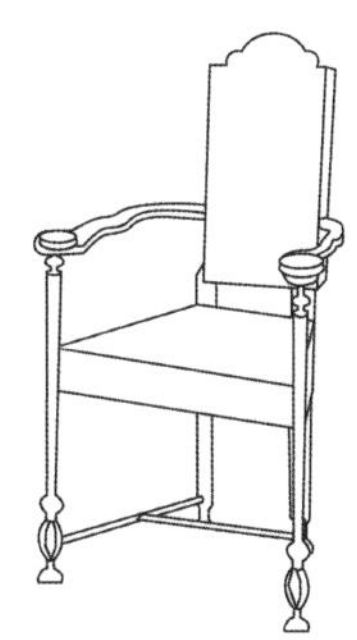

図1・65　カクトワール

⑵　バロック（16世紀末〜17世紀初め頃）

宗教改革に対抗してカトリック教会の勢力が回復するのに伴い，ヨーロッパ諸国では絶対王政が確立しました．ルネサンスの厳格で規則的な造形原理が崩れ，非対称で躍動的な構成が広がります．バロックは，「いびつな真珠」を意味するポルトガル語（バロッコ）に由来します．建築では，サンピエトロ大聖堂（図1・66），ベルサイユ宮殿（図1・67）などがあります．スパイラル状の脚を特徴とするジャコビアン様式（図1・68）は，イギリスからの移民によりアメリカへも伝わりました．

図1・66　サンピエトロ大聖堂（バチカン市国）

〔写真提供〕PIXTA

図1・67　ベルサイユ宮殿　鏡の間（フランス）

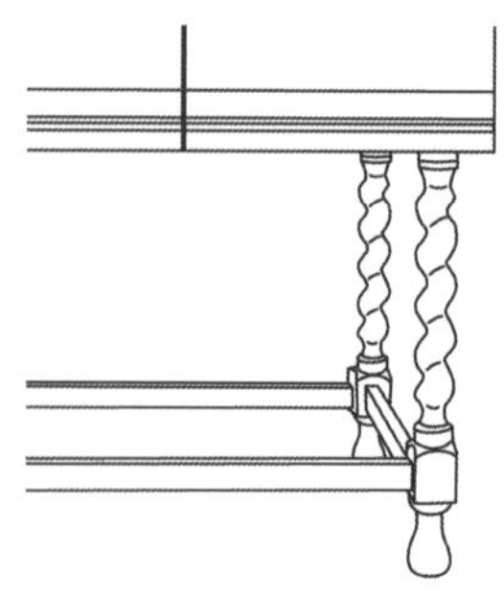

図1・68　ジャコビアン様式の家具に特徴的なスパイラル状の脚

(3)　ロココ（18世紀頃）

上流階級の婦人を中心としたサロンでは，図1・69のような曲線的で優雅な造形が好まれました．ロココという名称は，貝殻模様の人

〔出典〕Juste-Aurele Meissonnier - English Wikipedia, パブリック・ドメイン, https://commons.wikimedia.org/w/index.php?curid=3644745による

図1・69　ロココのテーブル

造石（ロカイユ）に由来します．装飾は建築躯体から独立して壁柱やコーニス（蛇腹，建物の壁などの最上部に巡らせる突き出した装飾）がなくなり，壁は曲面によって天井とつながることもあります．シンメトリーの原則は失われ，淡い色調が好まれました．イギリスではクイーン・アン様式と呼ばれる，動物の脚を模したガブリオール・レッグの家具が特徴的です．

図1・70　リボンバックチェア（トーマス・チッペンデール）

家具作家のトーマス・チッペンデールは，当時流行した中国趣味（シノワズリー）のリボンバックチェア（図1・70）をデザインしました．

⑷　ネオクラシック（18世紀～19世紀頃）

絶対王政が弱まるのに伴い，再び節度があり均整のとれた様式が見直されるようになります．ヘルクラネウムやポンペイで古代ローマの遺跡が発掘されると，それが一つの契機となって古典様式への関心が高まりました．直線やシンメトリー，古典のプロポーションが重視されるこの時代の様式は，新古典主義（ネオクラシシズム）と呼ばれます．イギリスでは，チッペンデールやジョージ・ヘップルホワイト（図1・71），トーマス・シェラトン（図1・72）らが活躍した時代の様式は，当時の王であるジョージ1世から3世の名にちなみ，ジョージアン様式と呼ばれます．

図1・71　ジョージ・ヘップルホワイトの椅子

図1・72　トーマス・シェラトンの椅子

(iv) 近代

(1) 19世紀前後

フランス革命による貴族社会の終わりや，産業革命による技術革新により，インテリアは様々な様式の折衷となります．フランスで帝政を確立したナポレオンによる，古代ローマやエジプトを模範とした様式はアンピール（帝政）様式と呼ばれます．イギリスではリージェンシー（摂政）様式，ドイツでは市民文化のビーダーマイヤー様式などと呼ばれました．アメリカではハイボーイという背の高いたんす（図1・73）や，イギリスのウィンザー地方に由来するウィンザーチェア（図1・74）などが流行します．シェーカー教徒がつくるラダーバックチェア（図1・75）などの素朴な家具はシェーカー様式と呼ばれます．これらの初期アメリカの傾向を総称してアーリー・アメリカン・スタイルといいます．

パリのエッフェル塔やシカゴに最初の高層建築が現れ，西洋建築はそれまでの石やれんがを積む構造から，工業素材である鉄，ガラ

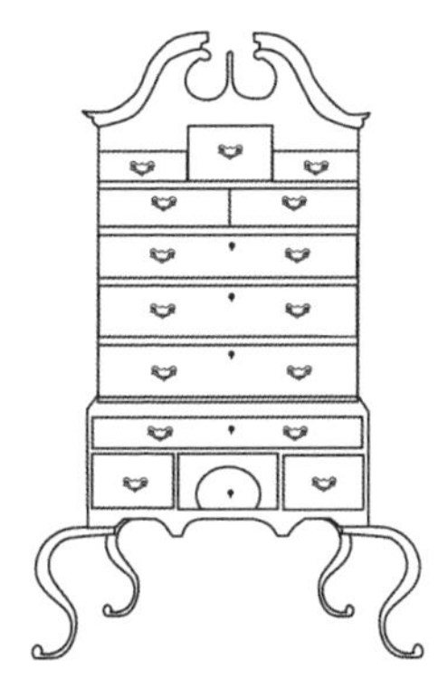

図1・73　ハイボーイ

図1・74　ウィンザーチェア

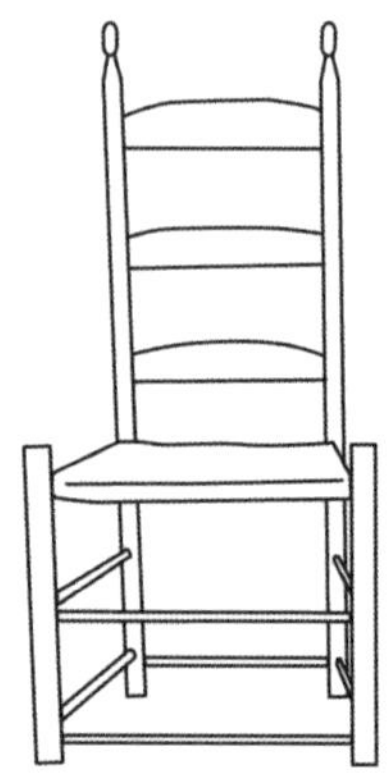

図1・75　ラダーバックチェア

ス，コンクリートによる新たな構造に移行していきました．一方，ウィリアム・モリスらは，産業革命による大量生産や過度な工業化の進展を危惧し，中世の手工業を基本として生活と芸術の調和を目指すアーツ・アンド・クラフツ運動を提唱しました．この運動はアール・ヌーボーやウィーン分離派などのモダンデザインの源流となります．

⑵　20世紀前後

フランスやベルギーを中心に曲線による優美な装飾を特徴としたアール・ヌーボー（新しい芸術）という様式が生まれます．当時ジャポニスムとしてヨーロッパに伝わっていた葛飾北斎や歌川国貞らの浮世絵の特徴的な構図や有機的な形態構成は，この様式の成立にも影響を与えたとされています．

図1・76はこの様式の最初の建築とされる，ヴィクトール・オルタのタッセル邸です．家具では，この頃既にミヒャエル・トーネッ

トが，曲げ木椅子の生産を行っていました（図1・77）．

従来の格式張った歴史主義からの分離を訴えたクリムトらのオーストリアの芸術家らは分離派（ゼツェッション）と呼ばれ，大正初期の日本にも影響を与えました．建築では，ベルギーにあるヨーゼフ・ホフマン設計のストックレー邸がよく知られています．建築家のブルーノ・タウトは桂離宮などの日本建築を評価し，『日本美の再発見』を著しました．オランダではデ・ステイルと呼ばれる造形運動が起こりました．家具ではヘリット・リートフェルトの「赤と青の椅子」（図1・78），建築でも同設計のシュレーダー邸などがあります．ドイツでは「芸術と技術の新しい統一」を理念として，バウハウスが設立されました．バウハウスの初代校長であったヴァルター・グロピウスは「世界共通の材料や技術による機能的な建築は，国際的に共通した様式になる」という「国際建築」の概念を提唱しました．

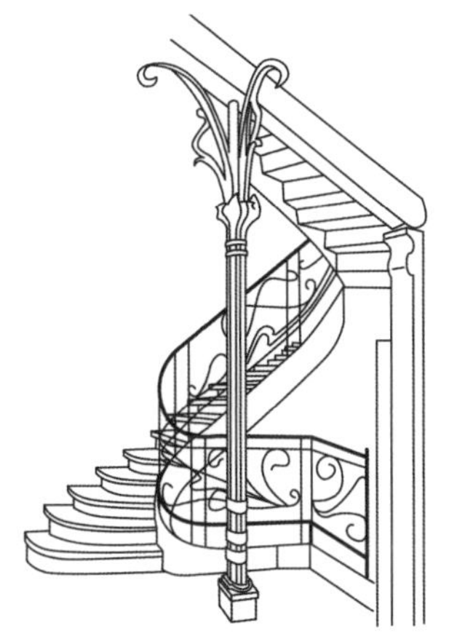

図1・76　タッセル邸（ベルギー）
設計：ヴィクトール・オルタ

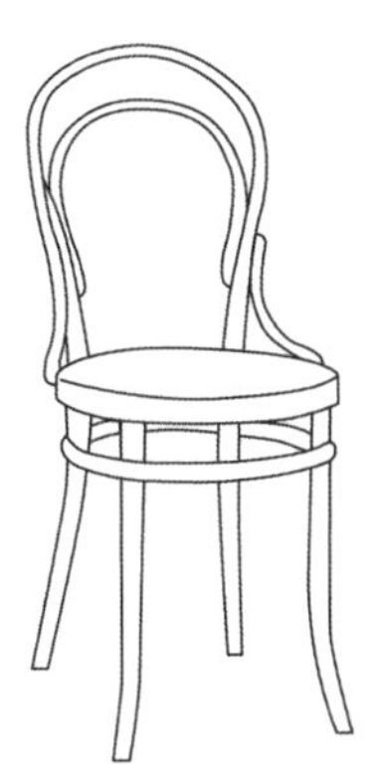

図1・77　No.214
（ミヒャエル・トーネット）

家具では，マルセル・ブロイヤーによる量産型の鋼管椅子（図1・79）が生産されました．

1925年，パリの「現代装飾美術・産業美術国際博覧会」での幾何学的形態による造形の傾向はアール・デコと呼ばれました．フランスのル・コルビュジェは「近代建築の5つの原則」を唱え，サヴォア邸やシェーズ・ロング（長椅子，図1・80）をデザインしました．「住

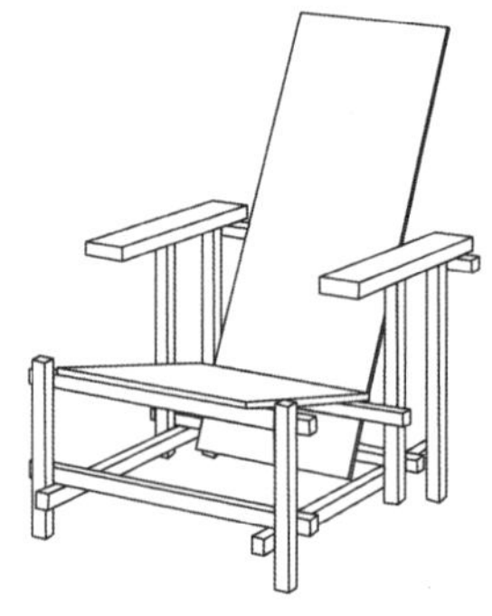

図1・78　赤と青の椅子（ヘリット・リートフェルト）

図1・79　ワシリーチェア（マルセル・ブロイヤー）

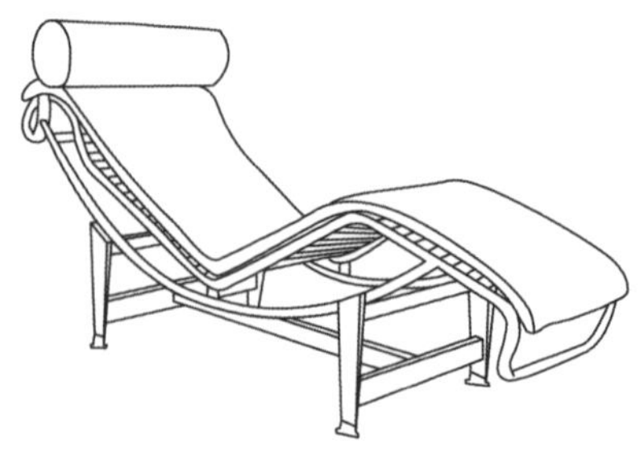

図1・80　シェーズ・ロング（ル・コルビュジェ）

図1・81　バルセロナ・チェア
（ミース・ファン・デル・ローエ）

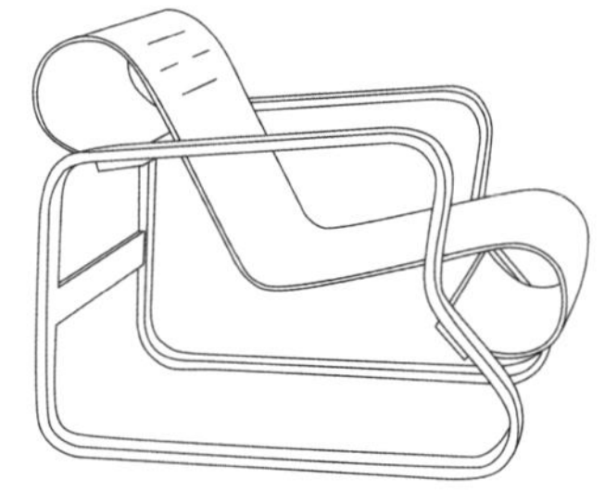

図1・82　パイミオチェア
（アルヴァ・アアルト）

宅は住むための機械」という言葉もよく知られています．ミース・ファン・デル・ローエは，バルセロナ・パヴィリオンやバルセロナ・チェア（図1・81）をデザインしました．一方，フランク・ロイド・ライトは無機質な国際建築や機能主義に異を唱え，カウフマン邸（落水荘）や帝国ホテルなどの有機的意匠を持つ建築をデザインしました．北欧ではアルヴァ・アアルトやグンナール・アスプルンドが北欧的な建築や伝統的な木工技術を活かした柔和で有機的な家具をデザインしました（図1・82）．

(v)　現代

戦後のアメリカではアルミ，プラスチック，合板などの工業素材による家具が大量生産されるようになります．チャールズ・イームズ，エーロ・サーリネンらが活躍しました．イタリアでは，ジオ・ポンティのスーパー・レジェーラ（図1・83）などの家具がつくられました．北欧ではアルネ・ヤコブセンやハンス・ウェグナーらの家具がよく知られています（図1・84，図1・85）．モダニズムが追求される中で，ロバート・ヴェンチューリは建築の象徴性や個性の再生を提唱しました．70年代にはポストモダニズムと呼ばれる，単一の価値観による統一性を否定し，異質な価値観が共存することを肯定する概念が生まれ，建築デザインをはじめ哲学や現代思想などに幅広く影響を与えました．均質で無機質な合理性だけでない，表情豊かな造形が見直されることとなり，様々な建築が生み出されています．

図1・83　スーパー・レジェーラ（ジオ・ポンティ）

図1・84　エッグチェア（アルネ・ヤコブセン）

図1・85　Yチェア（ハンス・ウェグナー）

2 建築のインテリアの基礎

2.1 造形

(i) 建築の３要素

古代の建築理論家ウィトルウィウスは『建築十書:De Architectura』で，建築の三要素を強，用，美（Firmitas, Utilitas, Venustas）としました．建築にとって構造，機能，美しさはいずれも不可欠ですが，インテリアデザインは建物の内部や装飾を扱うので，美しさの比重が大きくなります．建物の形や比例関係，色彩の美しさやそれらに関する理論は太古から追求されてきました．各時代で新たな様式や造形理論が現れては衰えていくように，美しさに普遍的な基準はなく，構造や機能のように客観的に計測して高める手法もありません．けれども多くの人が美しく整っていると考える形態，あるいは不調和であると感じる構成が存在することも事実です．本編ではこのような造形や色彩に関する理論を紹介します．

(ii) 造形美の原理

ある造形を見て美しいと感じるとき，そこにはいくつかの特徴があることが知られています．

(1) 統一と多様さ：Unity and variety

統一とは，それぞれである（多くの）ものを一つにまとめあげること，またはそのようにまとめた状態のことである一方，多様さとは，それぞれが異なり，変化に富むことをいいます．結晶構造のようにすべてが均質で規則的な配列を持つ構成は，統一感があり整然としていますが，単調で面白みに欠け，堅苦しい印象を与えます．反対に，多様性が大きな，変化に富む造形は，自由で気楽であるものの，雑然としたちぐはぐな印象を与えるでしょう．デザイン対象の用途，使用者，その土地の文化などの脈絡に応じて，両者の適切な組合せを見出すことが求められます．

コラム　複雑ってどういうこと？

複雑系理論では，複雑さとは秩序と無秩序の境界に生じる事象ととらえられています．結晶のように要素の反復が続く単調な状況と，気体分子のように全く無秩序な状況の間に，生物のように複雑で意味のある状況が存在します．造形だけでなく音楽や文章の構成も同じです．

(2)　調和：Harmony

調和とは，部分と部分，または部分と全体の間に，形，材質，色などについてまとまりがあり，全体が整っている状態のことです．次の2つに分類されます．

①　類似調和：類似した要素同士がまとまりを形成していること．
→落ち着きや，安定感を感じさせる．

②　対照調和：異なる要素が互いに矛盾なくまとまっていること．
→華やかさや，躍動感を感じさせる．

(3)　均衡：Balance

均衡とは，要素の間につりあいが取れている状態のことです．

①　線（面）対称：直線（平面）を基準として両側の図形の構成が同一であること．

② 回転対称：点（二次元）や直線（三次元）を中心として周囲の図形を回転させると自らに重なること．

コラム 対称・非対称，どちらが好み？

対称：ギリシア，ローマ，バロックなど．フランス式庭園（図2・1）．
非対称：ロココ，モダンデザインなど．英国式庭園（図2・2）．

〔写真提供〕Shutterstock

図2・1 フランス式庭園

〔写真提供〕Shutterstock

図2・2 英国式庭園

(4) 比例：Proportion

比例とは，各部分相互の間，または全体と部分の間に一定の量的関係があること．次のような比例がよく知られています．

① 黄金比

線分を a，b の長さに分けるとき，$a : b = (a + b) : a$ が成り立つ $a : b$ の比のこと（式1，図2・3）．近似値は1：1.618で，おおよそ5：8.

$$a : b = (a + b) : a \qquad (式1)$$

$b = 1$ とすると，$a = \dfrac{(1 + \sqrt{5})}{2} =$ 約1.618

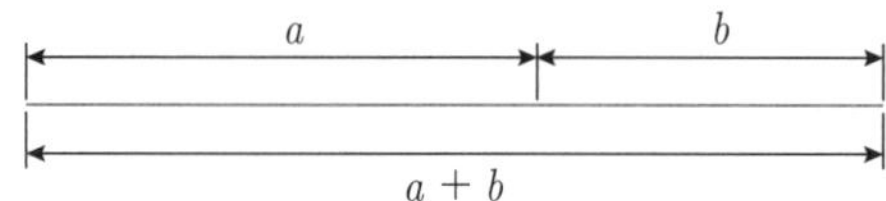

図 2・3　黄金比による線分の分割

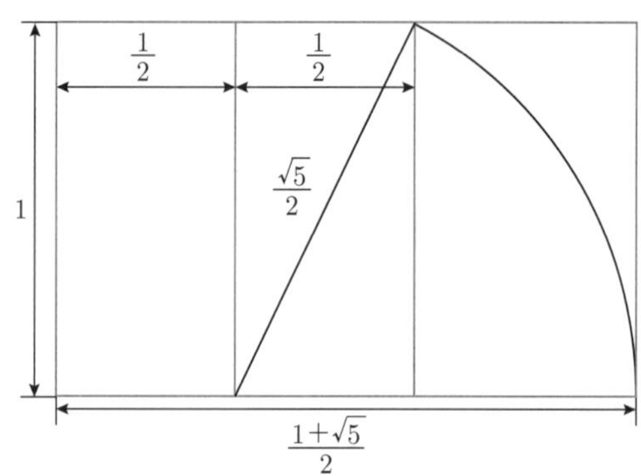

図 2・4　黄金比長方形（短辺と長辺の比が黄金比）の作図

黄金比のプロポーションを持つ長方形は，図2・4のように定規とコンパスがあれば描くことができる． 正方形の一辺を二等分し，二等分された長方形の対角線を半径とする扇形を描くと，2辺の比が黄金比の長方形となる．

② ルート長方形

短辺に対して長辺の長さが $\sqrt{2}$，$\sqrt{3}$，$\sqrt{5}$ のような平方根となる長方形のこと．$\sqrt{2}$ 長方形は，その半分の長方形もまた $\sqrt{2}$ 長方形となることから，紙の規格に用いられている（図2・5）．ちなみにA判は国際規格，B判は日本独自の規格で江戸期の美濃紙の大きさに由来している．

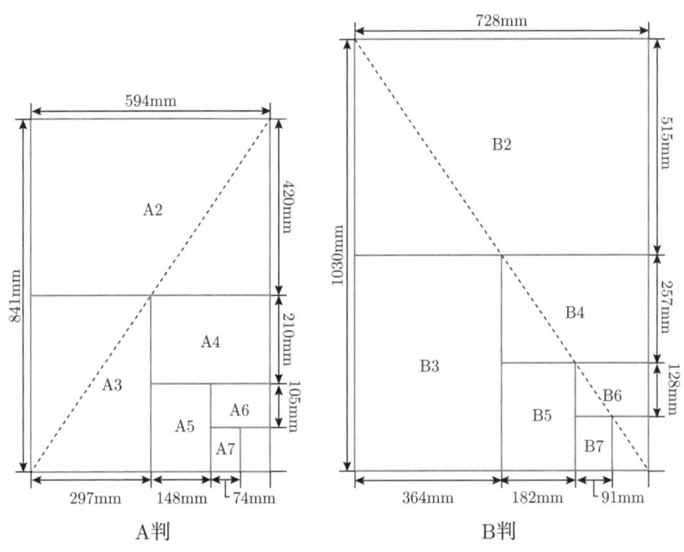

図2・5 $\sqrt{2}$ 長方形による紙の寸法規格

③　整数比

1：2, 2：3などの整数比は単純で扱いやすく，規格化や互換性に有利であることから工業生産や寸法計画によく用いられる．

④　数列の比

次のような数列の比がよく知られている．

・等差数列：差が一定　　例）1，3，5，7……

・等比数列：比が一定　　例）1，2，4，8……

・フィボナッチ数列：各項が前二項の和　例）1，2，3，5，8……

フィボナッチ数列の二項の比は黄金比に収束する．オウムガイの殻や花びらの数など自然の造形にしばしばみられる．多くの古典建築にも自然の法則を模範とした比例関係がみられる．

図2・6　自然の造形や古典建築に隠れた級数比（黄金比）

(5) 律動：Rhythm

各要素が一定の間隔や角度で規則的に繰り返されること．要素やその余白の配列は，空間の連続性や秩序，時間の流れ，静謐（せいひつ）さなどを想起させます．

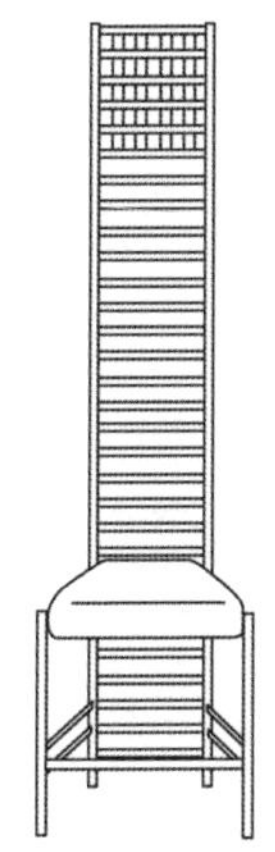

図 2・7 等間隔に配置された椅子（ヒルハウス）の背もたれの部材（チャールズ・レニー・マッキントッシュ）

コラム **形や音の調和**

紀元前5世紀頃，ピタゴラス学派の人々は次のような法則を見つけました．

・よく張った糸を弾いて作られる音の高さは，糸の長さに比例する．

・音の組合せがよく調和して和音をつくるのは，それらの糸の長さの比が次のような簡単な整数比となっているときである．

1：2（完全八度音程・オクターブ）…例）ドと1オクターブ上のド

2：3（完全五度音程）…例）ドとソ

3：4（完全四度音程）…例）ドとファ

美や調和は簡単な整数比のもとに存在する（シンメトリア）との考えが主張され，古典建築のオーダーや芸術作品の造形原理に影響を与えました．

(iii) 文様（模様）

文様は装飾技法の一つで，西洋，東洋，日本など各地域，各時代固有の文様があります．植物や動物といった自然の形象，幾何学図形にちなむものが多くあります．図2・8は日本の代表的な文様で，建具などの室内装飾にも用いられています．

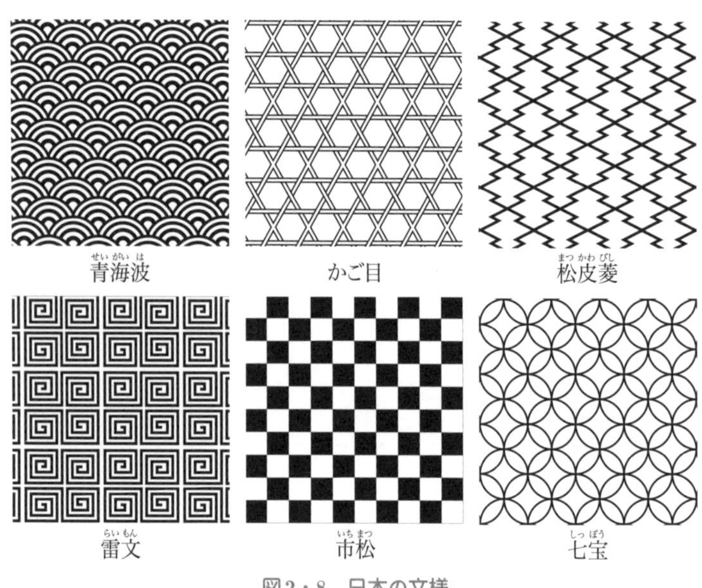

図2・8　日本の文様

2.2 色彩

建物の外装材は雨風や太陽光に晒（さら）されるので，素材には耐久性が求められることに加え，外観はまちなみの一部となるため，鮮やかな色が自由に使用されることはあまりありません．一方インテリアは，衣服が着る人の好みや感性を自由に反映するように，多様な色彩や素材が検討される場合が多く，色彩計画の役割がより高まります．

(i) 色覚

色覚とは，光が視神経を刺激し，脳の視覚中枢に伝えられることで生じる感覚のことです．太陽光は，300 nm〜3 000 nm（ナノメートル：10^{-9}m）の範囲の波長の光を含んでいる白色光です．このうち人が見える光（可視光線）の波長は380〜780 nmの範囲に限られます．可視光線は，短い波長の光から順に，紫→藍→青→緑→黄→橙→赤のように異なる色として認識されます（図2・9）．リンゴが赤いのは，図2・10のように，リンゴが赤以外の波長の光をよく吸収し，赤の波長の反射光が際立って見えるためです．インテリアでも自然光や人工照明の性質，光の当たり方によって，同じものでも見え方が異なります．

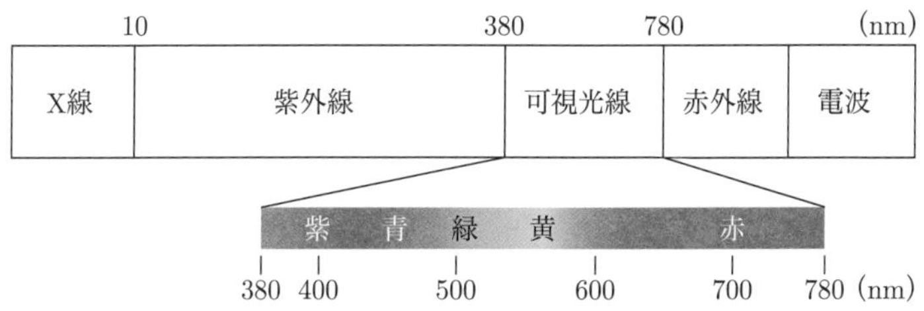

図2・9 波長の分布（スペクトル）と可視光線の色（口絵参照）

図2・10　リンゴが赤く見えるわけ（口絵参照）

(ii)　色の表現

色を3つの特徴に従って配列し，定量的に表現した体系を表色系といい，次のような表色系がよく用いられます．

(1)　マンセル表色系（図2・11）

インテリアや建築分野で最も一般的に用いられる表色系で，色を

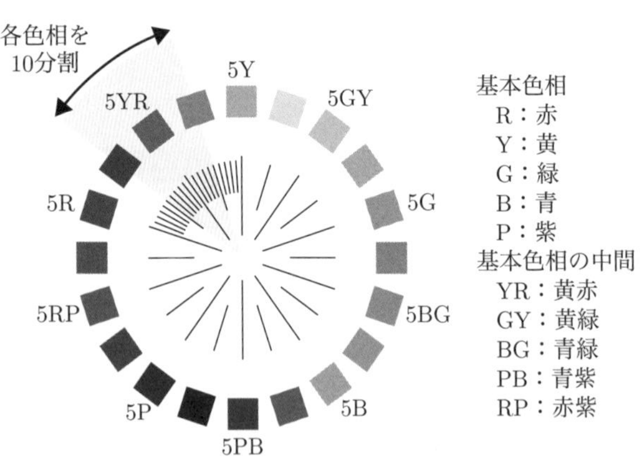

図2・11　マンセル色相環（口絵参照）

色相（Hue），明度（Value），彩度（Chroma）の組合せによって表現します．

① 色相：色の様相のこと．円環状に並べたものを色相環（Hue Circle）という．色の様相をR（赤）・Y（黄）・G（緑）・B（青）・P（紫）の5色に分け，それぞれの中間にYR（黄赤）・GY（黄緑）・BG（青緑）・PB（青紫）・RP（赤紫）の5色がある．さらにそれらの間を10分割し，計100色相が定義されている．

② 明度：色の明るさのこと．黒，灰，白の無彩色を基準として，最も明るい白を10，最も暗い黒を0，中間の灰色を1～9で表す．明度10は光の全反射，0は全吸収となるが，現実にはそうならないため，白は9.5，黒は1の値を用いる．

③ 彩度：色の鮮やかさのこと．無彩色を0として鮮やかさの度合いに応じて値が増えるが，色相と明度によって最大値は異なる．最も大きい5Rで14，最も小さい5BGで10.

表記法は，H V/C（色相　明度／彩度）となります．例えば鮮やかな黄色は5Y 8/14と表記し，「5ワイ8の14」と読みます．中間的な明度の灰色はN4.5などと表します．

(2) オストワルト表色系（図2・12，表2・1）

色を純色，白色，黒色の組合せによって表現します．理想的な「白」は光を100％反射し，理想的な「黒」は光を100％吸収し，理想的な「純色」（オプティマルカラー）はその色の波長域の光だけを完全に反射し，その他の波長域は完全に吸収して全く反射しないとの仮定の下に，（式2）を定義しています．

W（白）＋B（黒）＋F（純色）＝100 ％　　（式2）

表記法は，例えば鮮やかな赤の場合，色相8（赤），白色量3.5％でpの段階，黒色量90％で1の段階とすると，8plとなります．

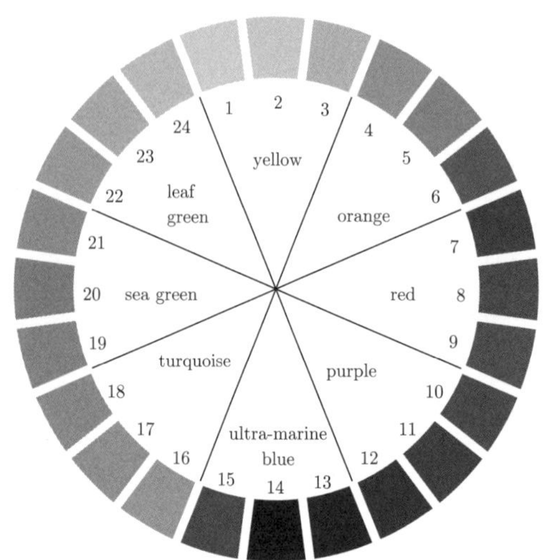

図2・12　オストワルトの色相環（口絵参照）

表2・1　オストワルト表色系の無彩色の系列

（単位：%）

記号	a	c	e	g	i	l	n	p
白色量（W）	89	56	35	22	14	8.9	5.6	3.5
黒色量（B）	11	44	65	78	86	91.1	94.4	96.5
白（W）＋黒（B）	100	100	100	100	100	100	100	100

(3)　PCCS（日本色研配色体系，図2・13）

色を色相，明度，彩度の三属性で表現する方法の他に，明度と彩度を融合した「トーン（色調）」と「色相」の2つの属性で表現する方法があります．

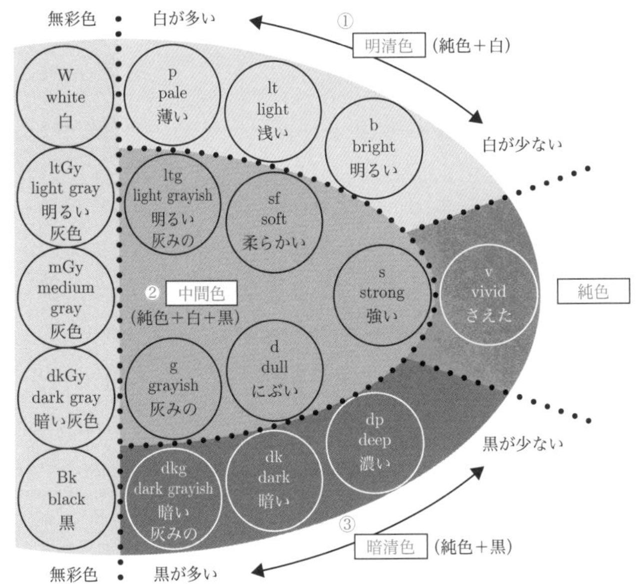

〔資料提供〕日本色研事業㈱

図2・13　PCCSのトーン（口絵参照）

(4)　CIE表色系

色を物理的な刺激と，生理的，心理的な反応との関係でとらえようとする方法．色光の三原色である赤（R），緑（G），青（B）の混合により，全ての色を作ることができるという概念に基づきます．一般にはXY直交座標系による色度図を用います．

(5)　慣用色名（表2・2）

体系的な表色系とは別に，慣用的に用いられてきた色名による表現方法があります．動物や植物，鉱物の名称にちなむものなどがあります．

表 2・2 慣用色名の例

慣用色名	系統色名	マンセル値
朱色	鮮やかな黄みの赤	6R 5.5/14
山吹色	鮮やかな赤みの黄	10YR 7.5/13
萌黄(もえぎ)	つよい黄緑	4GY 6.5/9
空色	明るい青	9B 7.5/5.5
藍(あい)色	暗い青	2PB 3/5
生成(きなり)り色	赤みを帯びた黄みの白	10YR 9/1
カーマイン	鮮やかな赤	4R 4/14
ターコイズブルー	明るい緑みの青	5B 6/8
マゼンタ	鮮やかな赤紫	5RP 5/14

(iii) 色の混合

(1) 加法混色

混合する色光が増えるほど明るくなる混色で，図2・14(a)のように三原色である赤，緑，青を混合すると白色光となります．これらの原色は他の色の混合によって作ることができません．

例）赤＋緑→黄，緑＋青→青緑，青＋赤→赤紫

(2) 減法混色

絵の具を混合したり，色フィルターを重ねたりして混合する成分が増えるほど暗くなる混色で，図2・14(b)のように三原色である青緑（シアン：C），赤紫（マゼンタ：M），黄（イエロー：Y）を混合すると黒になります．理論上はこれらの混合により全ての色を作ることができるとされますが，実際の塗料では黒（キープレート：K）を加えた4色を用いることが一般的です．

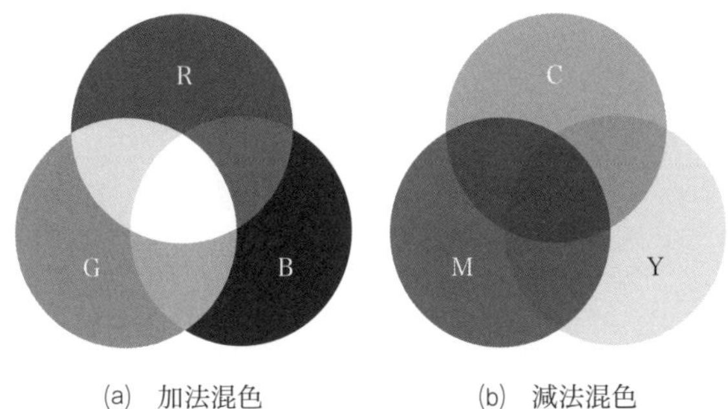

図2・14　加法混色と減法混色（口絵参照）

(3)　中間混色

複数の色の回転板を回転させた場合など，混色された色は，元の色それぞれの中間の明るさ，元の色の面積に比例した明るさとなります．このような回転混色と同様に，織物や網点印刷などで異なる色を並べる場合の並置混色があります（図2・15）．

図2・15　中間混色（並置混色，口絵参照）

(4)　補色

2つの有彩色を混合すると無彩色になるとき，それらの色は互いに補色となります．マンセル表色系の色相環上では，対角上の色は互いに補色とみなすことができます．補色の関係にある2色を混合すると無彩色になります．

(iv)　色の対比

人が複数の色を見るとき，次のような相対的な知覚が行われることが知られています．

(1)　同時対比

同時に複数の色を見るときに生じる知覚のこと．

①　色相対比：色相差は実際より大きく見える．

②　明度対比：明るい方はより明るく，暗い方はより暗く見える．

③　彩度対比：彩度の高い方はより鮮やかに，彩度の低い方はより濁って見える．

④　補色対比：補色の2色はそれぞれの彩度が高まって見える．

(2)　経時対比

異なる色を順に見るとき，有彩色は補色残像が生じます．赤の後に緑を見るとより鮮やかに感じます．明度差，彩度差もより大きく感じられます．

(3)　面積対比

同じ色でも面積が大きいと明るく，鮮やかに見え，小さいと暗く，濁って見えます．小さなサンプルや色見本でインテリアの色を検討する際は，壁面などの実際の部位では，明度や彩度が高まることを考慮する必要があります．

(4)　視認性

注視する図の色と，背景となる地の色の色相，明度，彩度の差が大きいほど視認性が高くなります．中でも明度差の影響が最も大きいとされています．高齢者は加齢による影響もあるので，視認性を高めるには視対象の明度差を大きくすることが求められます．

(v) 色の心理効果

色により，温度，大きさ，重さ，硬さ，雰囲気などについて，固有の印象を与えるものがあることが知られています．

(1) 暖色と寒色

赤や橙には暖かさ，青や青緑には冷たさを感じます．無彩色では黒に暖かさ，白に冷たさを感じますが，暖色や寒色には含めません．

(2) 興奮色と沈静色

暖色系が気持ちを亢進(こうしん)させ，寒色系は落ち着かせます．

(3) 進出色と後退色

暖色系は手前に進出しているように，寒色系は後退しているように感じられます．明度が高い色は低い色より進出して見えます．

(4) 膨張色と収縮色

明度や彩度が大きい色は膨張して見え，それらが小さい色は収縮して見えます．色相では暖色系が寒色系より膨張して見えます．

(5) 軽い色と重い色

明度が高い色は軽く，明度が低い色は重く感じられます．

(6) 硬い色と軟らかい色

明度が高い色は軟らかく，明度が低い色は硬く感じられます．彩度は低い方が軟らかく感じられます．パステルカラーと呼ばれる高明度・低彩度の色は，特に軟らかみが感じられます．

(7) 派手な色と地味な色

彩度や明度が高い色は派手に感じられます．色相では暖色系が寒色系より派手に見えます．

(vi) 色彩計画

色彩計画はカラースキームとも呼ばれ，空間の用途や性質に応じてインテリアの各部位の配色や全体の雰囲気を検討し，決定する過程を指します．内装や家具，什器の諸要素の色彩を調整して調和させることをカラーコーディネーションともいいます．ここでは先述の色の物理特性や人の知覚や心理に与える影響を勘案して，完成後の空間を推測することが求められます．素材の手触りや温感，硬さや耐久性，清掃性，施工性，コストなど，色彩にとどまらず材料の取捨選択が併せて行われます．色彩計画には定まった手法があるわけでなく，状況に応じて様々なアプローチが考えられますが，次のような手順が一般的に知られています．

①イメージの設定

落ち着いた，温もりのあるなどの言葉でイメージを設定する．

②構成要素の把握

床，壁，天井，家具などの色彩に関する条件を調べる．材質や形態，寸法を把握する．

③基調色（ベースカラー）の検討

床，壁などの面積が大きい部位が背景色を構成する．住宅の壁や天井は高明度，低彩度の色が基調となる場合が多い．マンセル表色系では5YR～10YR付近となる．

④配合色と強調色の検討

基調色を引き立て，変化をもたらす配合色（アソートカラー）を検討する．全体の統一感に対して特に目立った変化をねらう強調色（アクセントカラー）を用いる場合もある．

⑤統一と変化の配分の検討

色彩計画において空間には統一感が求められるが，単調とならないように一定の変化や生気が感じられることも大切となる．静謐（せいひつ）や落ち着き，秩序感に対して華やかさ，軽快さ，瑞々（みずみず）しさなどをふさわしく釣り合わせることも考慮される．一般に天井や壁，床などの長期間変化しない部位を基調色として，取替可能な中面積のカーテンやカーペット，ソファなどを配合色，取替が容易な小家具や装飾を強調色とすることが多い．使用者のブランドカラーに基づく場合や，素材や素地の色が優先的に決められる場合など，状況によって上記の限りでない．

2.3 インテリアと人体

(i) 人間工学

世界では1年間におよそ125万人が交通事故で，278万人が労働災害で死亡していると推計されています（WHO Global Health Observatory data 2013, Global estimates of occupational accidents and work-related illnesses 2017）．技術革新で日々の暮らしは豊かになった一方で，効率や効果の追求が行き過ぎて人間の能力を超えたことによる事故も多発しています．人の身体能力や限界を把握し，仕事や生活行為を人間の生理・心理学的特性に適合させる科学として人間工学が生まれました．欧州ではエルゴノミクス（Ergonomics），米国ではヒューマン・エンジニアリング（Human Engineering）と呼ばれます．

構築環境（Built environment）は，人為的につくられた環境のことで，自然環境（Natural environment）に対する概念です．建築やインテリアは構築環境に含まれ，人間工学はそのうち最も人間に近い部分，人体から人の行為や知覚を対象とします．

(ii) 人体寸法

人体寸法は民族や年齢，性別により異なりますが，それらに関わらず共通の比例関係があることが知られています．対象者の身長と，図2・16のような人体各部位の比率から，家具や室内空間の寸法計画を行うことができます．例えば「眼高」から視線を遮る障壁の高さ，「肩幅」から通路の幅，「上肢拳上高」から手が届く棚の高さな

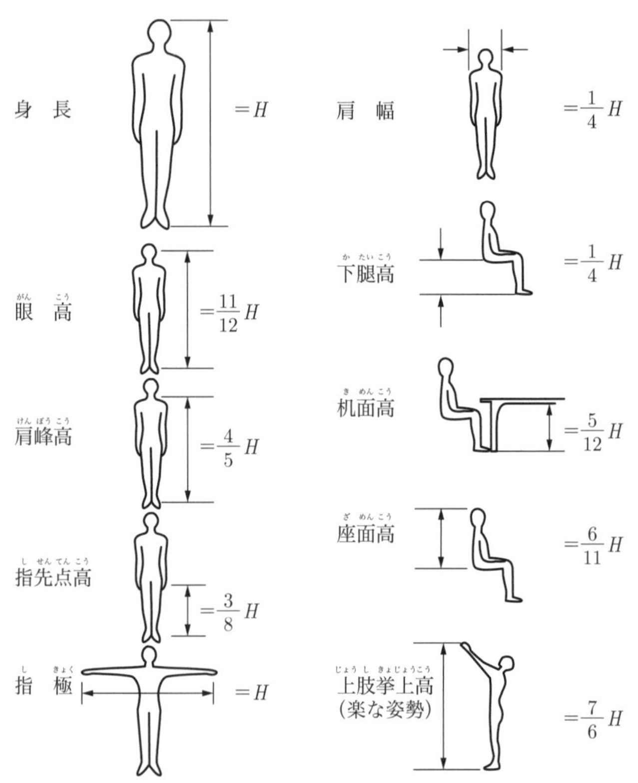

人体寸法の概算値
身長を基準にして，人体各部の略比率を求めたものである．
日本人成人男子・女子に適用することができる．

〔参考文献〕小原二郎ほか編『建築 室内 人間工学』，p.37～p.40，h.計測部位，i.人体計測値，鹿島出版会，1969年

図2・16　身長（H）を基準とした人体の各部位の比率

どが推測できます．図2・17のように椅子に腰掛けると，上半身の重さ，つまり体重の7割が座骨まわりにかかることになります．図2・18のように横たわる時は，支えがしっかりしていないと，最も重い臀部(でんぶ)が沈み込んで体が折れ曲がることになります．

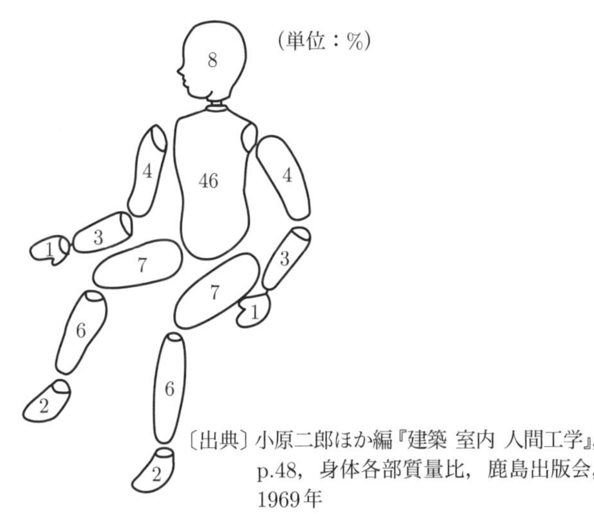

〔出典〕小原二郎ほか編『建築 室内 人間工学』，p.48，身体各部質量比，鹿島出版会，1969年

図2・17　人体の各部位の質量の比率（椅座位）

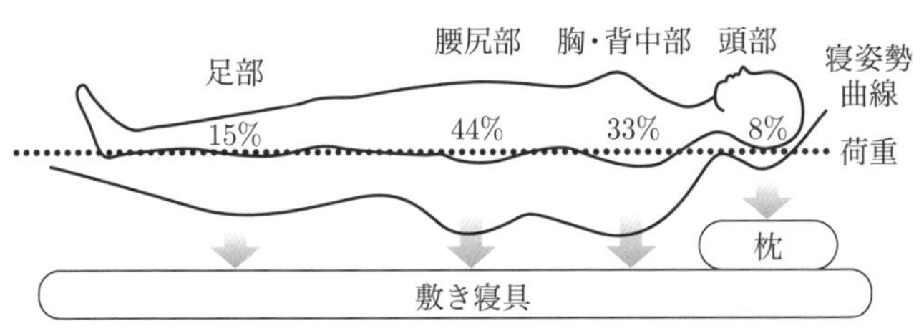

〔出典〕日本睡眠科学研究所ホームページ，部位ごとの体圧分布

図2・18　人体の各部位の質量の比率（臥位）

コラム 身体尺

人体や人間の能力に基づいて定めた単位は，身体尺といい，尺やフィートなどがあります（図2・19）．尺は，古代から東アジアで広く用いられ，もともとは手を広げたときの親指の先から中指の先までの長さでした．これは約18 cmで，現在の尺（曲尺（かねじゃく））の10/33 m（30.303 cm）は，その1.7倍にもなります．尺は時とともに長くなったためです．1958年の計量法により，尺貫法は公的な計量単位としての使用ができなくなりましたが，木造建築や和裁などの伝統的な分野では今も慣習的に用いられています．

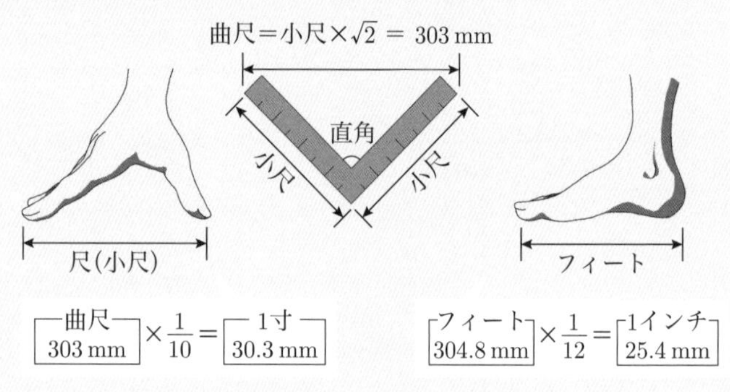

図2・19 尺とフィート

(iii) 姿勢と動作

(1) 姿勢

姿勢は次の4つに分類されます．

①立位：立っている姿勢

②椅座位：椅子などに腰掛け，足裏が床に着いている姿勢

③平座位：床に直接足裏や膝，臀部が着いている座った姿勢

④臥位：寝姿勢

(2)　作業域

作業を行う際に，身体の各部位を動かすことのできる範囲を作業域といいます．

図2・20は机上面における水平作業域を表しており，人の肩幅は50 cm程度でも，その左右の作業域は約1.2 mと倍以上の寸法が必要になることが分かります．静的な身体の寸法だけでなく，動作を伴う動的な寸法も考慮する必要があります．

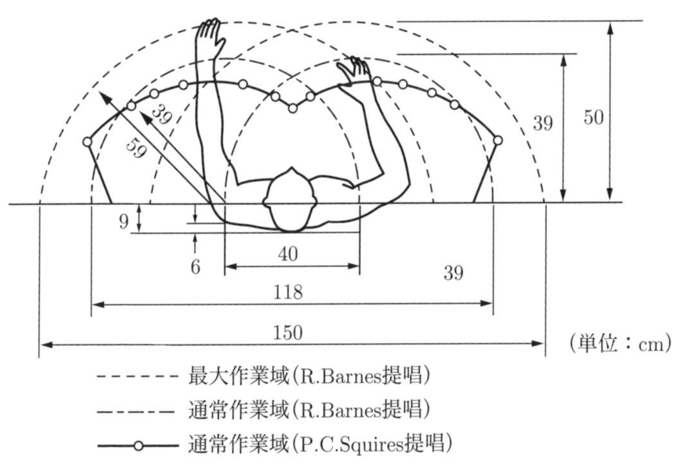

〔出典〕小原二郎ほか編『建築 室内 人間工学』，p.117，図-J 平面作業域，鹿島出版会，1969年

図2・20　机上面の水平作業域

(iv)　人の間の関係

(1)　人の間の距離

家庭や職場，公共空間などでは，複数の人がその場に居合わせる

ことになります．そのとき，それぞれの人間関係やその場の状況に応じて，ふさわしい距離を保とうとすることをエドワード・ホールは明らかにしました（図2・21）．この性質は動物全般に見られ，距離の取り方は動物の種類により，また人間では民族や文化により異なることが知られています．インテリアでも，場の用途や状況に応じて人の集合，離散の姿を想定した計画が求められます．

図2・21の人の間の4段階の距離は次のようにまとめられます．

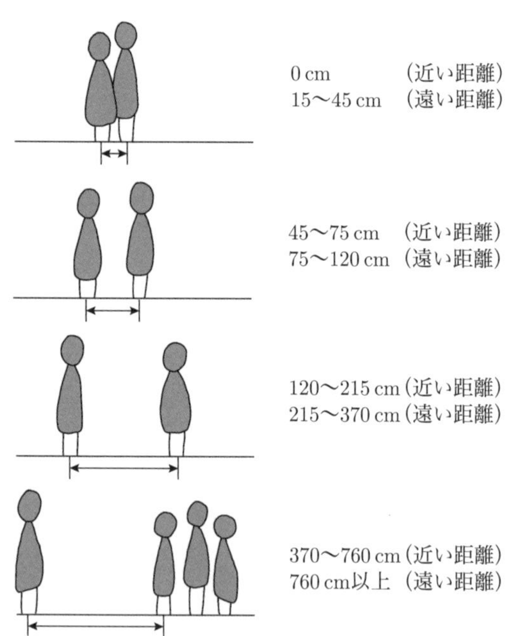

〔出典〕エドワード・T・ホール著，日高敏隆・佐藤信行訳『かくれた次元』，p.165～p.176，みすず書房，1970年（イラストは新たに作成）

図2・21　人の間の4段階の距離

①密接距離：非常に親密な関係の距離．身体が接触している．
②個体距離：親しい友人などとの距離．相手の表情，匂いが分かる．
③社会距離：個人的関係がない人との距離．普通の声で話すことができる．
④公衆距離：相互関係のない距離．一方的な伝達で声は大きくなる．

(2)　パーソナルスペースとテリトリー

動物の身体のまわりには一定の大きさの見えない泡（バブル）があり，互いに泡が重ならないように距離を保つことを動物学者のハイニ・ヘーディガーは示しました（図2・22）．

環境心理学者のロバート・ソマーはこのことは人にも当てはまり，「人の体を取り巻く見えない境界に囲まれた他者の侵入を拒む領域」のことをパーソナルスペースと呼びました．

これに類似した概念としてテリトリー（縄張り）があります．これは個人や集団が独占的に使用可能な場所のことです．そのような場

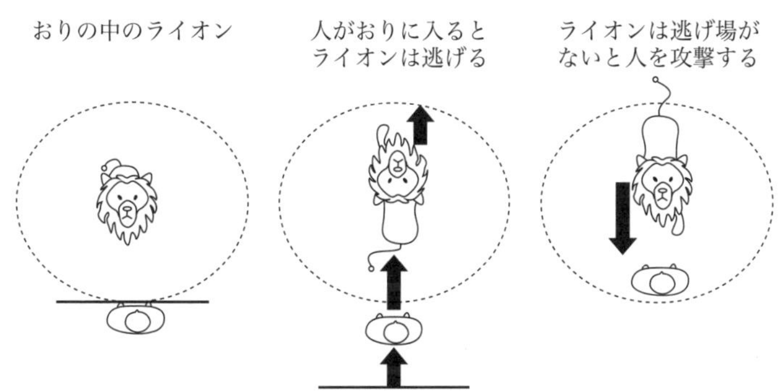

〔出典〕エドワード・T・ホール著，日高敏隆・佐藤信行訳『かくれた次元』，p.20，みすず書房，1970年（一部改変）

図2・22　動物のまわりの見えない泡

所には多くの場合何らかの目印があり，所有者が不在であっても領域は確保される点がパーソナルスペースとは異なります．

(3) 人の間の向き

くつろいだ団らんなどは，面接のように真正面に相対して座るよりも，コーナーソファなどで互いに体の向きをずらして自由に座る方が居心地が良いでしょう．

ハンフリー・オズモンドは，空間には，人同士の交流を活発にするソシオペタル（sociopetal：社会融合的）な配置と，交流を妨げるソシオフーガル（sociofugal：社会離反的）な配置があることを示しました．ソシオペタルは相互に向かい合う配置，ソシオフーガルは反対向きの配置です．

待合所や劇場や公園のように，座る場所が固定される固定相空間のデザインでは，人の間の距離や方向に対する配慮が求められます．広場に面したオープンカフェやオフィスの打合せコーナーなどの半固定相空間では，自由に相互関係を調整できるように，軽量で可動の椅子や机が好まれます（図2・23）．

図2・23　オープンカフェの自由な席配置や着座方向（ベルギー）

(4) プライバシー

人間は場の状況や相互関係によって，人間同士のふさわしい距離や方向を確保しますが，このことをより一般化する概念としてプライバシーがあります．エイモス・ラポポートはプライバシーを「相互作用をコントロールし，それを選択して，希望する交流を得ることのできる能力」と説明しました．

プライバシーは単に距離や方向にとどまらず，音やにおいなど，五感に関わる相互作用としてとらえられています．構築環境に対するクレームや不満の多くは，要求するプライバシーの水準が満たされないことに起因することが知られています．図2・24の集合住宅は，視覚的プライバシーは確保されていても，聴覚的プライバシーが満たされず，生活音のクレームが生じた事例です．音を出す側，聞こえる側双方に不満が生じ，結果としてプライベートな空間でありながら自らの行動が拘束されているように感じてしまいます．

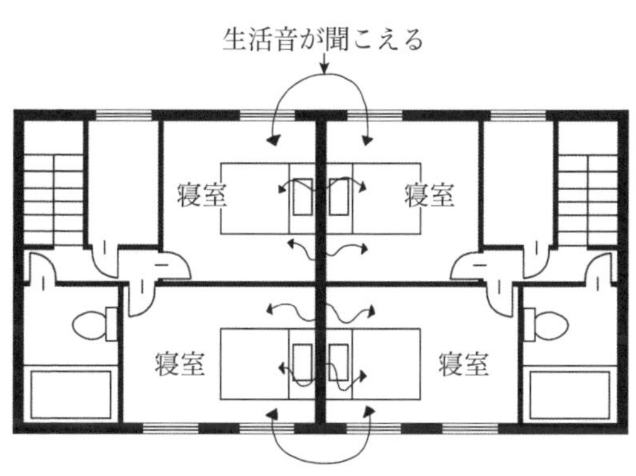

図2・24　プライバシーの要求が満たされない状況

(v)　人と家具の関係

家具は人との関係により次の表2・3のように分類されます．

(1)　椅子と身体

椅子は人体系家具に分類されます．座ると体が疲れず楽になると思うかもしれませんが，実際は背骨にかかる負荷は立っているときよりも大きくなります（表2・4，図2・25）．椅子は，座り姿勢の負荷を軽減するための補助具としてとらえられます．

椅子は作業用と休息用に分類されます．図2・26は，座面高，座面角度，背もたれの角度，座面の大きさを指標として段階的に分類したものです．ただ，姿勢は固定的でなく作業や休息の途中で変更されるし，人によっては休息用の椅子で作業することを好む場合もあります．また，床と座面の距離，つまり座面高が高すぎると，足裏が床に届かないので膝下の重さが大腿部（だいたいぶ）にかかり，血行を阻害するなどの不具合が生じます．また休息用の椅子には柔軟性が求められる一方，適切な最終安定姿勢を維持する性能も必要となります．

表2・3　人と家具の関係

分類	家具の機能	人と物のかかわり方	例	従来の分類
人体系家具（アーゴノミー系家具）	人体を支える	人	椅子，ベッド	脚もの
準人体系家具（セミアーゴノミー系家具）	物を支える		机，調理台，カウンター	脚もの 箱もの
建物系家具（シェルター系家具）	収納や遮断をする	物	棚，戸棚，たんす，衝立（ついたて）	箱もの

表2・4 立ち姿勢・座り姿勢と上体・下肢の関係

	立ち姿勢	座り姿勢
上体	自然な姿勢 負荷が少ない	不自然な姿勢 背骨に負荷がかかる
下肢	荷重がかかる 疲れる	上体の荷重から解放される 疲れず楽

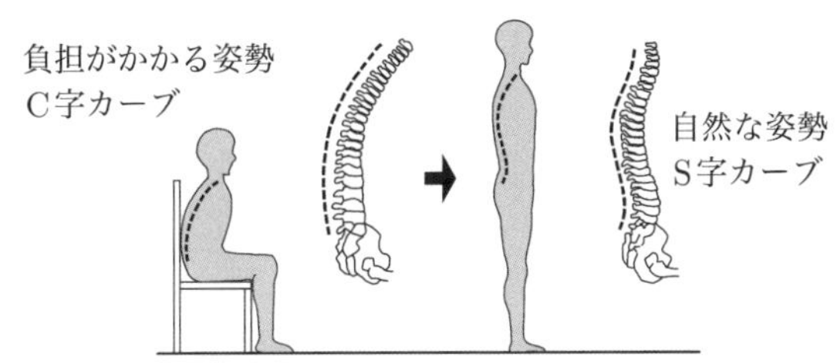

図2・25 立ち姿勢と座り姿勢の背骨の形状

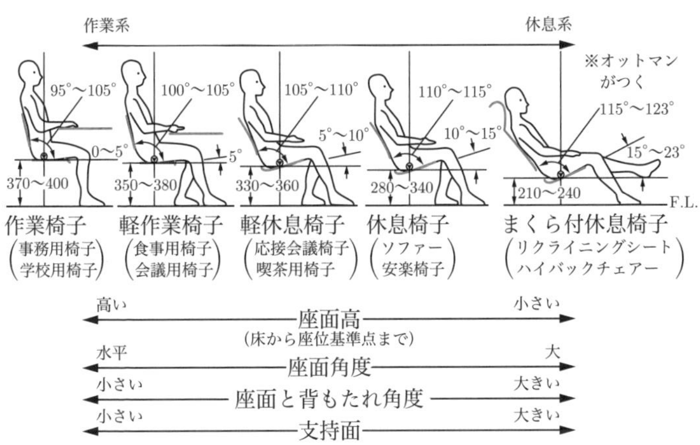

〔参考文献〕小原二郎ほか編『建築 室内 人間工学』，p.122〜p.127，Ⅰ型〜Ⅵ型，鹿島出版会，1969年

図2・26 作業用椅子と休息用椅子の特徴

⑵　机と身体

机は準人体系家具に分類されます．机の寸法では，座位基準点から甲板までの垂直距離が，座る人の身体に合っているかどうかが大切となります．座位基準点（座骨結節部の中央点）から甲板までの垂直距離のことを差尺（さじゃく）といいます．行為により適当な差尺が異なります（式3，式4，図2・27）．

・筆記作業などが中心で，能率を重視する場合

差尺＝座高×$\frac{1}{3}$　　（式3）

・読書など安静的作業が中心で，長時間の継続を重視する場合

差尺＝座高×$\frac{1}{3}$ －（2～3 cm）　　（式4）

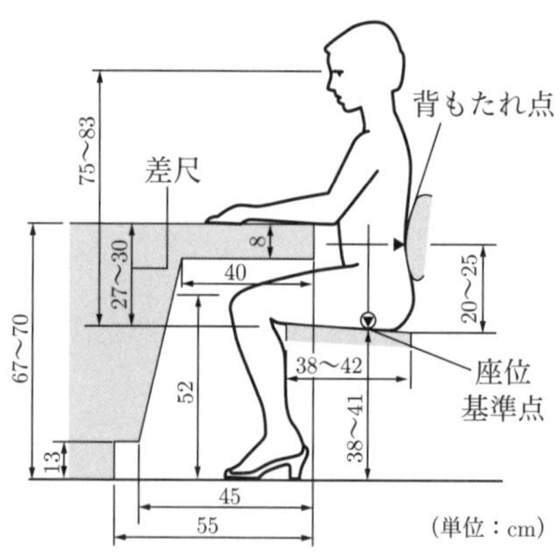

〔出典〕小原二郎ほか編『建築 室内 人間工学』，p.134，図-B，鹿島出版会，1969年（一部改変）

図2・27　事務作業の机，椅子の寸法

椅子座面の高さ，机面の高さを身長（H）を基準に表すと式5，式6のようになります．表2・5は学校普通教室用机・椅子の規格です．

・椅子座面の高さ≒下腿高－1 cm

$$≒\frac{1}{4}\times H \qquad (式5)$$

・机面の高さ≒椅子の高さ＋差尺

$$≒\frac{1}{4}\times H+\frac{1}{3}\times 座高≒\frac{2.1}{5}\times H \qquad (式6)$$

（座高≒0.55 × H）

近年北欧，特にスウェーデンやデンマークでは労働環境に関するガイドラインを受け，作業用机は高さ調節可能なものが95％を占めています．米国でも座り続けることが健康へ及ぼす弊害が明らかになるにつれ，スタンディングデスクを選択する事例が増えています．

表2・5　学校普通教室用机・椅子の高さと標準身長

机・椅子の種類	机面の高さ（mm）	椅子座面の高さ（mm）	標準身長（参考）（mm）
0号	400	220	900
1号	460	260	1 050
2号	520	300	1 200
3号	580	340	1 350
4号	640	380	1 500
5号	700	420	1 650
5.5号	730	440	1 730
6号	760	460	1 800

〔出典〕JIS S 1021：2011 表7

(3) ベッドと身体

図2・28のように，ベッドには寝姿勢を保つための硬さが求められると同時に，体重が局所に集中しないように軟らかさも求められます．マットレスや敷布団には，硬軟相反する要求を満たす性能が必要となります．軟らかすぎるベッドは体がベッドに沈み込んで最終姿勢が安定しません．マットレスには少なくとも軟・硬・軟の三層構造が必要となります（図2・29）．

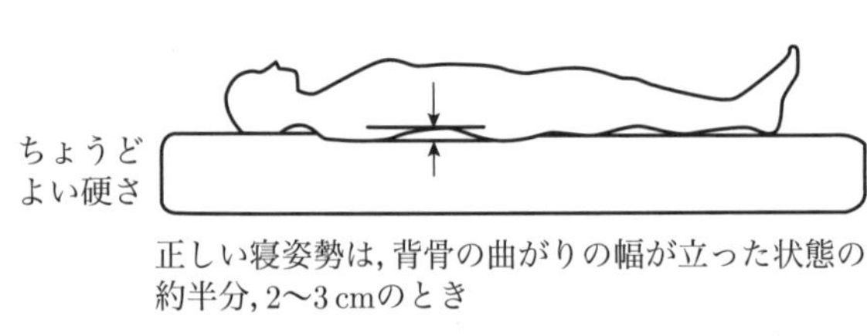

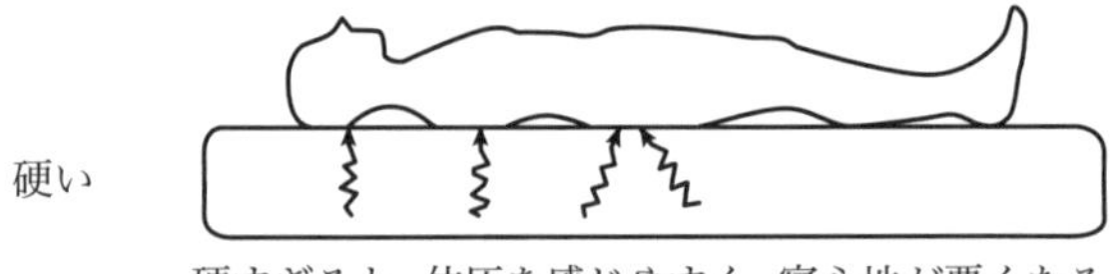

〔出典〕インテリア産業協会著『インテリアコーディネーターハンドブック統合版 上』，p.155，図表5-15，インテリア産業協会，2013年

図2・28 マットレスの硬さと寝姿勢

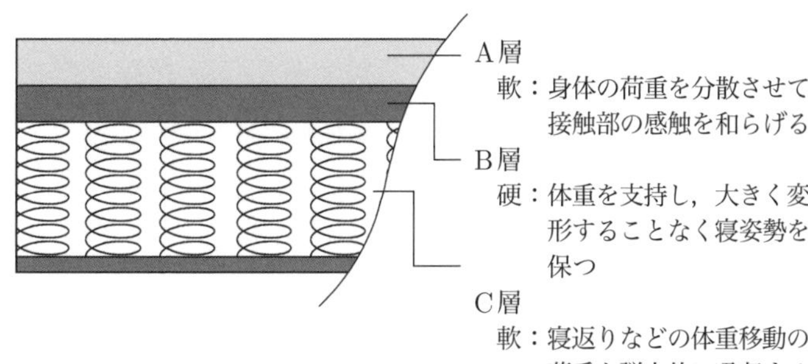

図2・29　マットレスの構造

寝返りの範囲はベッド，布団ともに肩幅の2.5～3.0倍であることから，敷布団やマットレスの幅は肩幅の2～2.5倍（身長の0.5～0.6倍）が目安とされています．長さは図2・30のように身長の1.05倍

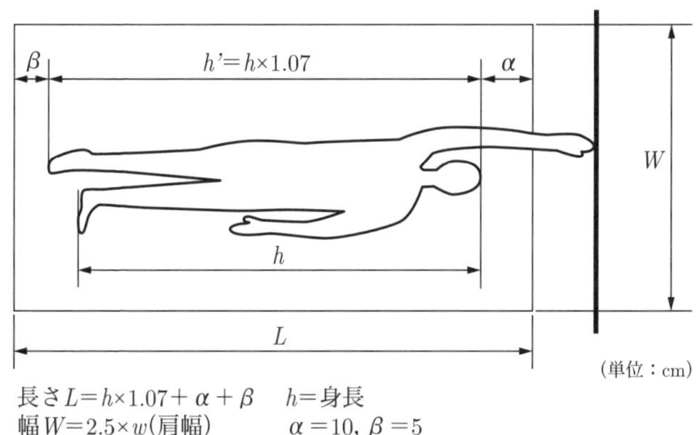

長さ$L=h\times1.07+\alpha+\beta$　h＝身長
幅$W=2.5\times w$(肩幅)　$\alpha=10$, $\beta=5$

〔出典〕小原二郎ほか編『建築 室内 人間工学』，p.147，図-B，鹿島出版会，1969年

図2・30　マットレスの長さ

表2・6 マットレスサイズの一般的名称とJISの呼び寸法

(単位：mm)

一般的名称	幅(JIS)	長さ(JIS)
セミシングル	820	1 950 2 050
シングル	980	
ワイドシングル	1 100	
セミダブル	1 200	
ダブル	1 400	
ワイドダブル	1 520	

〔出典〕JIS S 1102：2017 表2

に頭部と足先の余裕(15cm)を見込みます．日本のマットレスの名称や寸法は表2・6のような規格に基づいています．

(4) 作業台と身体

立位で軽作業を行う場合の適切な作業位置は図2・31のように示されます．力を必要とする作業は低め，精密な作業は高めが良いとされています．

調理台の高さの目安は式7で求められます．

調理台カウンター高さ ≒ (身長／2)＋5 cm (式7)

JISでは調理台の高さは，80・85・90・95 cm，洗面化粧台は68 cm(子供共用の場合)，72cmと定められています．

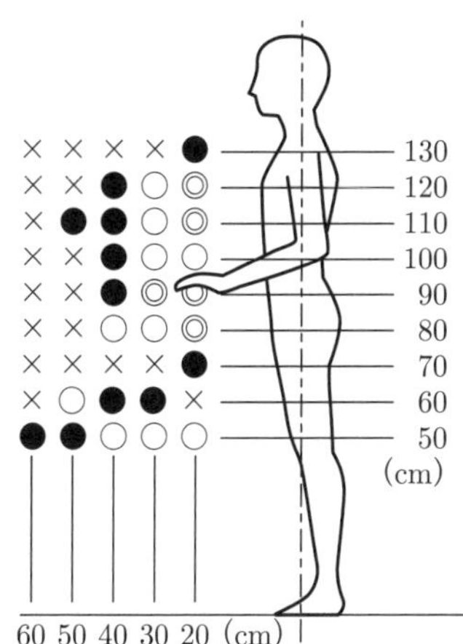

筋活動およびエネルギー代謝からみた立位作業点の評価

◎最もよい　○比較的よい
●よくない　×最もよくない

〔出典〕インテリア産業協会著『インテリアコーディネーターハンドブック技術編［改訂版］』，p.60，図表3-40，インテリア産業協会，2003年

図2・31　立位作業点の評価

(5)　建具や設備と身体

ドアノブの高さは90 cm，スイッチは110～120 cm，階段の手すりの高さは75～85 cm程度が一般的です．

2.4 インテリアの構造と材料

(i) 日本の風土と木造建築

日本の国土の3分の2は森林で，森林率は北欧のフィンランド，スウェーデンに続き世界第3位です．国民一人あたりの森林面積は0.2 haで，テニスコート8面分に相当します．

日本の建築物は，夏季の高温多湿の気候に対して，風通しを良くするために，柱梁の骨組みで構成され，開口部が自由にとれる軸組構造が適していました．また，環太平洋地震帯にある国土は地震が多発するため，組積造などは不向きで，自重が軽くしなやかな木質構造が有効でした．そのため日本では明治期まで木構造以外の構造形式は見られませんでした．2018年では新築住宅の57%，戸建て住宅に限ると80%が木造です（国土交通省ホームページ，「住宅着工統計」より）．

コラム　堪えがたいのは冬の寒さより夏の暑さ

家の作りやうは夏をむねとすべし　冬はいかなる所にも住まる
暑き比(ころ)わろき住居は堪へ難き事なり　　　（吉田兼好『徒然草』）

その昔，冬は火をおこし，衣服や布団にくるまれば暖かくなりますが，夏は冷房も冷蔵庫もなく，体温を下げる方法は限られていました．

現在でも年間約8万5 000人が熱中症で救急搬送され，500人以上が亡くなっています（図2・32）．特に高齢者の割合が高く，事故は主に屋内で発生しています．インテリアの温熱環境は今も重要な問題です．

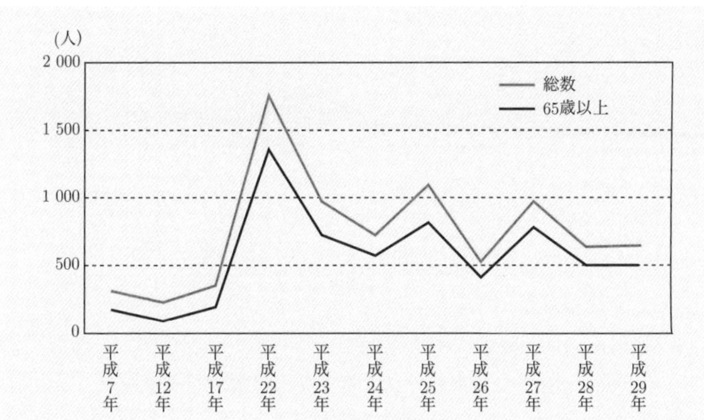

〔出典〕厚生労働省ホームページ,「熱中症による死亡数　人口動態統計」

図2・32　熱中症による死亡者数

(ii) 床

地面やコンクリートスラブの上に床組みをつくるものを架構式床といいます．弾力性があり足当たりが柔らかいので素足で歩行する床に向いています．床組みの下部は断熱，吸音，配線配管などに利用できますが，床組みが高くなる，大きな荷重がかかる箇所には不向きといった短所もあります．

非架構式の床の場合は，平滑なコンクリート面やモルタル面を下地として，その上に塗り床や張り床を設けます．

耐水，耐火性の床とすることもできますが，歩行などの衝撃を吸収しにくく硬い感触となりがちです．

(1) 木質仕上げ材

単層フローリングはスギやヒノキなどの針葉樹や，ナラやカバなどの広葉樹の一枚板です．厚さが12～18 mm程度，幅広で長尺の

(a)　ヘリングボーン
(Herring Bone (ニシンの骨))

(b)　ハドンホール
(Haddon Hall)

図2・33　フローリングブロックの特徴的なパターン

ものは縁甲板と呼ばれます．挽き板（のこぎりなどで挽いて切った木の板）を並べて正方形に接合したものはフローリングブロックと呼ばれ，特徴的なパターンのものもあります（図2・33）．

複合フローリングは合板に薄い単板やシートを張ったもので，単層フローリングと比べて変形が生じにくい，施工が容易，安価といった長所がありますが，質感や表面の傷による劣化などの点で劣ります．

これらの木質仕上げ材は根太（床板を支える下地材）に合板を捨て張りした下地（荒床，図2・34(a)）に張られる場合もありますが，今では1階，上階床とも根太を省略して厚い合板（24 mm～36 mm）で剛床兼下地とすること（図2・34(b)）が一般的です．

床板としては図2・35のような継ぎ方があります．本実突き付け加工（同図(b)）のフローリング材を隠し釘で固定するものや，嵌合（部材同士がはまり合う関係）式で釘が不要なフローリング材もあります．縁甲板は部材方向に「実」（板の側面に設けられた凸凹）がないので根太などの支持材の上で継ぎます．

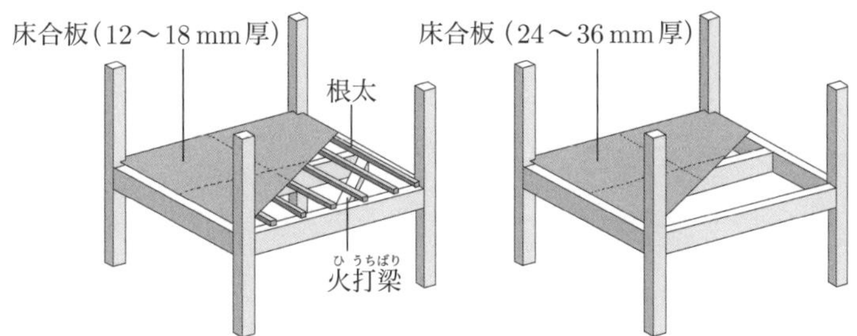

(a) 根太工法(荒床)　(b) 剛床(根太なし)工法

図2・34 木質仕上げ材の下地

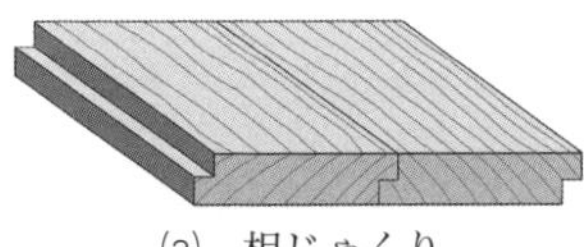

(a) 相じゃくり

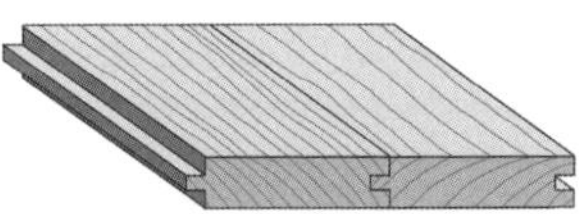

(b) 本実はぎ(本実突き付け加工)

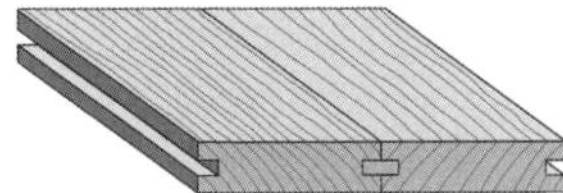

(c) 雇い実はぎ

図2・35 床板の継ぎ方

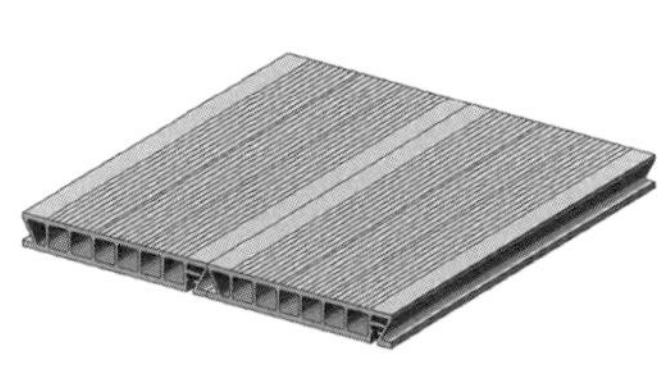

〔写真提供〕Shutterstock(右の写真)

図2・36 木材・プラスチック複合材(WPC:Wood Plastic Combination)

屋外のウッドデッキなど，雨や日光に晒（さら）される箇所には，劣化しにくく維持管理しやすい人工木材が用いられる場合もあります（図2・36）．

⑵　プラスチック系仕上げ材

プラスチック系仕上材は，木下地やコンクリート下地に直接張り付けられます．シート状の床材は，長尺ビニル床シートなどがあり，一巻が幅1 800～2 000 mm，長さ20～30 mと，大きな面積を継ぎ目なく被覆することができます．耐水性，耐薬品性，耐油性，施工性，清掃性に優れます．タイル状のものは300 mm角や450 mm角の大きさ，2～3 mm厚のものが一般的です．リノリュームは1860年代に発明され，その後塩ビ製に代わられましたが，天然素材（亜麻（あま）仁油（にゆ），石灰石，ジュート等）を原料とする性質から，抗菌性やシックハウス対策で近年再び注目されています．

⑶　タイル・石仕上げ材

①　タイル

タイルは耐摩耗性，耐火性，耐候性に優れますが，下地の伸縮に追随してひびが入ったり，剥離（はくり）したり，衝撃により破損したりすることがあります．原料や焼成温度の違いにより磁器質，せっ器質，陶器質があります（表2・7）．JISでは2008年より，それぞれ吸水率によってⅠ類，Ⅱ類，Ⅲ類という呼び名に変わりました．Ⅰ類（磁器質）タイルは焼成温度が高いため吸水率が低く，硬いとされています．逆にⅢ類（陶器質）タイルは吸水性があるので，冬期に凍結する箇所には使用できません．

表2・7 タイルの種類

種類	焼成温度	吸水率	用途
I類(磁器質)	1 300 ℃	3.0% 以下	内部，外部
II類(せっ器質)	1 250 ℃	10.0% 以下	内部，外部，舗装
III類(陶器質)	1 100 ℃	50.0% 以下	内部(外部では凍害を受ける)

〔出典〕JIS A 5209：2014 表10(吸水率)

コラム　陶器と磁器の見分け方

爪で弾くと，高く澄んだ音がするのが磁器，低く鈍い音は陶器．

陶器：楽焼，備前焼，萩焼(素焼き系，原料は土，厚手，土の色)

磁器：有田焼，砥部(とべ)焼，青磁(ガラス系，原料は石の粉，薄手)

② 石

御影石(みかげいし)は，花崗岩(かこうがん)の一種で耐久性に優れますが，耐火性に欠けます(図2・37)．表面の平滑度は，粗い順に粗磨き，水磨き，本磨きと

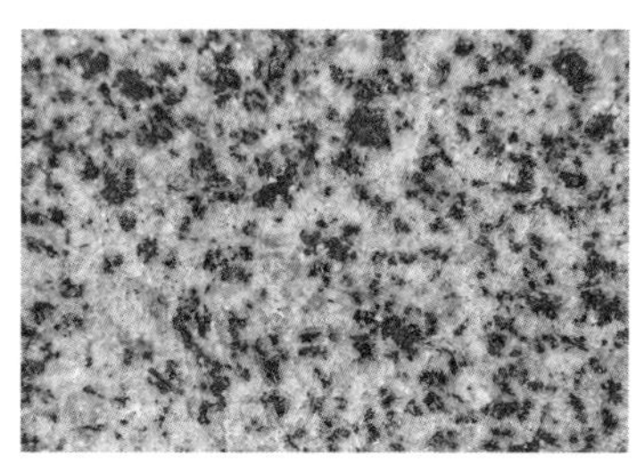

〔写真提供〕Shutterstock

図2・37 御影石

表2・8 石材の表面仕上げ

表面仕上げ	特徴
粗磨き	粗い砥石による研ぎ始めの仕上げで，ざらついた感じ
水磨き	粗磨きの後に水を注ぎながら砥石で平滑に磨く仕上げで，光沢やつやはない
本磨き	水磨きの後，磨き粉を用いて平滑に磨き，光沢を出す仕上げで，石本来の色や柄が表れる

なります（表2・8）．同じ石材でも表面加工により色味や光沢が異なります．石の表面を炙り，石肌を弾き飛ばして凹凸をつくる仕上げをジェットバーナー仕上げといい，防滑性が求められる所などに用いられます．

大谷石はフランク・ロイド・ライトが好んで使用したことで知られるように，多孔質の凝灰岩で加工性が良く，軽量で，耐火性に優れます（図2・38）．

テラコッタ（Terra Cotta）は土器質，陶器質の大型タイルで，吸水性があるので凍害に注意する必要があります（図2・39）．

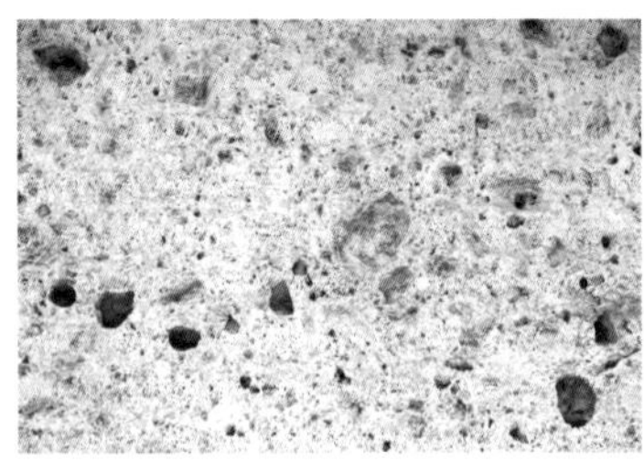

〔写真提供〕Shutterstock

図2・38 大谷石

〔写真提供〕Shutterstock

図2・39 テラコッタ

③ 擬石（ぎせき）

キャストストーン（Cast Stone）は安山岩，花崗岩の採石をセメントで固めたものです（図2・40）.

テラゾー（Terrazzo）は，大理石を砕き，セメント，砂，水と混ぜて塗った後に硬化時に表面を研ぎ出して仕上げます（図2・41）.

玉石や豆砂利は，モルタルの硬化時に水で表面の骨材を洗い出して仕上げます（図2・42）．骨材の凹凸により水濡れしても滑りにくい床となるため玄関などによく用いられます.

〔写真提供〕Shutterstock

図2・40　キャストストーン

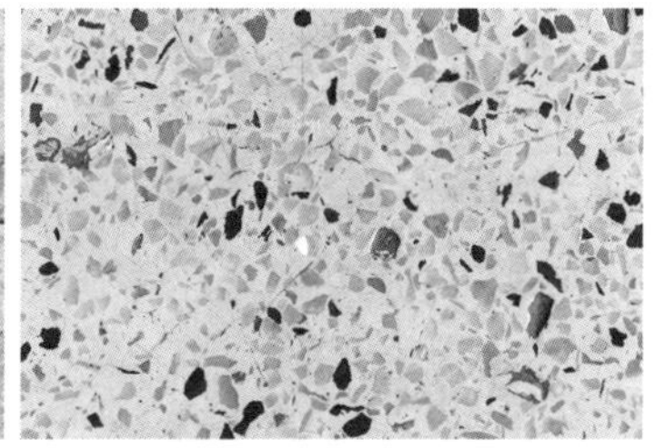

〔写真提供〕Shutterstock

図2・41　テラゾー

〔写真提供〕Shutterstock

図2・42　豆砂利洗い出し

(4) 敷き込み仕上げ材

① カーペット

カーペットをコンクリートスラブに直貼りする場合は，均(なら)しモルタル，防水紙，フェルト，カーペットの順に施工します．木造の床組みを用いる場合もあります．端部はグリッパー（図2・43），モールディング（端部を覆うような部材），巻き上げ（端部を壁に沿って貼る）などにより納めます．

カーペットの種類には次のようなものがあります（図2・44）．

ⓐ段通(だんつう)

手織りのパイルカーペットで，イラン，トルコ，中国のものが有名．

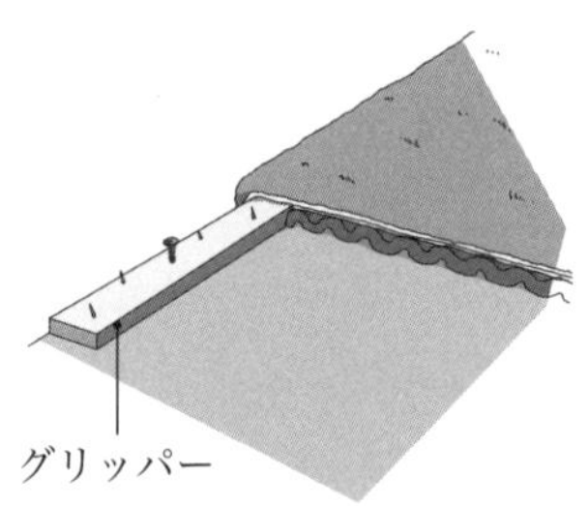

図2・43 グリッパーによるカーペット端部の納まり

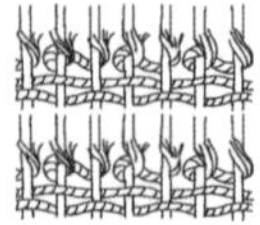

(a) 段通

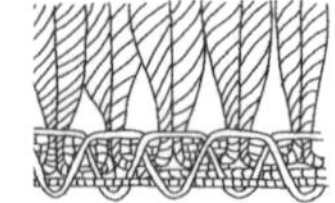

(b) ウィルトンカーペット

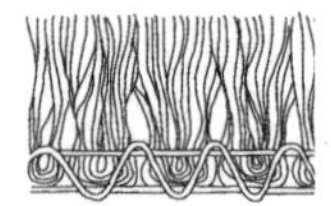

(c) アキスミンスターカーペット

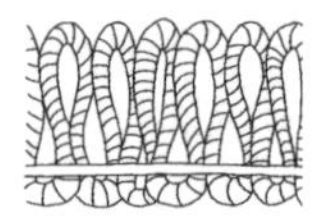

(d) タフテッドカーペット

図2・44 カーペットの種類

ⓑウィルトンカーペット（Wilton）

18世紀中頃に英国ウィルトン地方で作られた機械織りカーペット.

ⓒアキスミンスターカーペット（Axminster）

英国アキスミンスター地方の手織りのカーペットが原型で，現在は多色使いが可能な機械織りカーペット一般を指す.

ⓓタフテッドカーペット（Tufted）

20世紀初頭に米国で開発された機械織り量産カーペット.

② タイルカーペット

タイルカーペットは，タフテッドカーペットに裏面処理を施し，切断してタイル状にしたもので，安価で部分的な交換がしやすいことが特徴です.

③ 畳

畳は，い草やわらを原料とし，弾力性，断熱性，保湿性に優れています．肌触りも良く，素足による床座の生活に適しているため日本の住居に広く用いられてきました．一方，気密性の高い現代の住居では，わら畳が湿気てダニやカビが発生しやすくなる場合もあります．現在は畳のわら床（どこ）に，ポリスチレンフォームやインシュレーションボードを用いるものも普及しています.

コラム　畳の寸法，敷き方

畳は地域により標準寸法が異なります（表2・9）．敷き方には，4枚の畳の角が1箇所に集まらないように並べる祝儀（しゅうぎ）敷きと，同一方向に並べる不祝儀（ふしゅうぎ）敷きがあります（図2・45）.

表2・9　畳の標準寸法

柱間寸法による分類	長辺	短辺	地域など
メートル間	192cm	96cm	メーターモジュールに対応
京間（本間）	191cm	95.5cm	関西，中国，九州，秋田，青森県など
中京間（三六間）	182cm	91cm	中京，東北，北陸，沖縄県など
関東間（五八間・江戸間・田舎間）	176cm	88cm	静岡県以北の関東から北海道
団地間（五六間）	約170cm	約85cm	寸法基準はないが団地に用いられる小型の畳

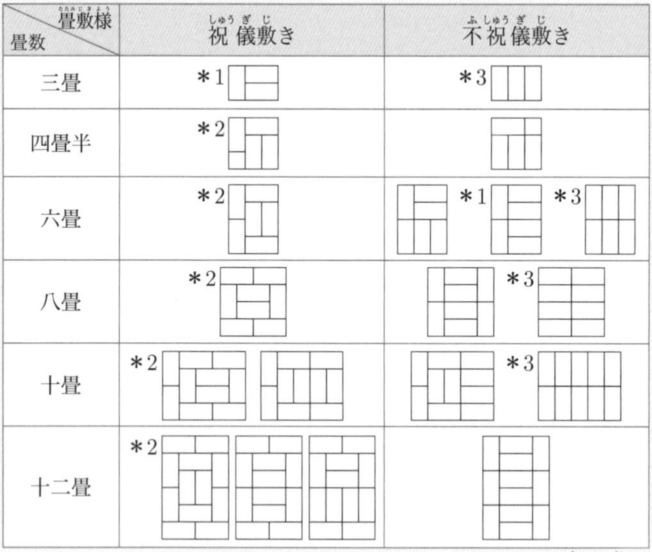

畳数＼畳敷様	祝儀敷き	不祝儀敷き
三畳	＊1	＊3
四畳半	＊2	
六畳	＊2	＊1　＊3
八畳	＊2	＊3
十畳	＊2	＊3
十二畳	＊2	

＊1　枕敷き　＊2　回し敷き　＊3　四居敷き

図2・45　畳の敷き方

(iii)　壁

在来工法のような柱梁(ちゅうりょう)構造には帳壁(ちょうへき)と呼ばれる空間を仕切る役割の壁，壁構造には耐力壁と呼ばれる荷重に耐える役割の壁があります．壁の用途により，防火性，断熱性，遮音性，気密性，水密性などの性能が求められます．

(1)　木造の壁

①　在来軸組工法

在来軸組工法は，構造体が柱，梁(はり)，土台などの軸組で構成されます（図2・46）．在来軸組構造の壁には真壁(しんかべ)と大壁(おおかべ)があります（図2・47）．真壁では柱や梁がそのままインテリアに表れます．伝統的な民家，書院造，茶室の大部分は真壁で，日本建築の特徴を形成しています．大壁は構造体の表面が仕上げ材で被覆されます．大壁の内部

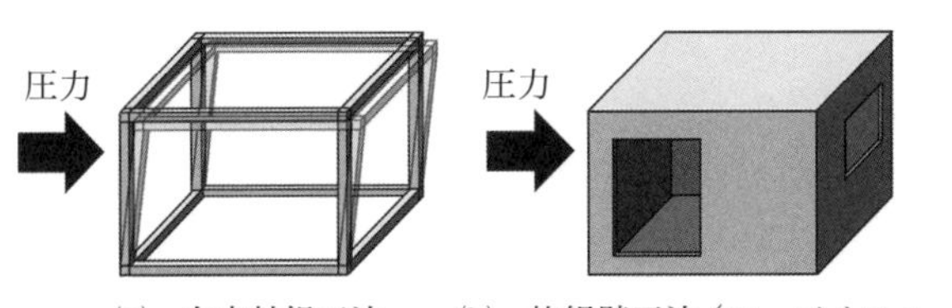

(a)　在来軸組工法　(b)　枠組壁工法（ツーバイフォー工法）

図2・46　木造の二つの工法

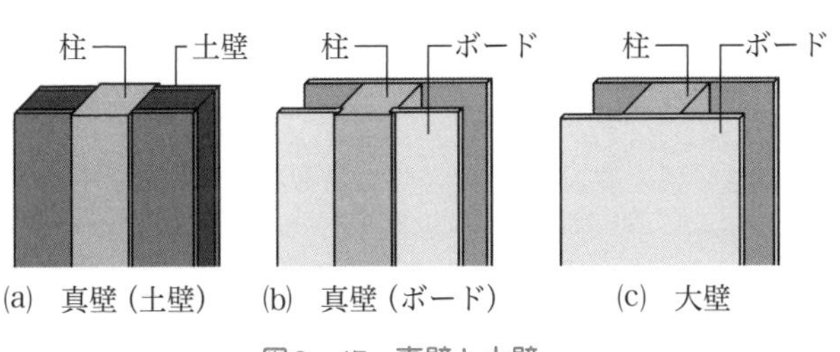

(a)　真壁（土壁）　(b)　真壁（ボード）　(c)　大壁

図2・47　真壁と大壁

の空間は断熱材や配管のために利用されます．壁内に湿気が滞留しやすいため，外壁仕上げの内側に胴縁（下地となる細い角材）などの下地材を使って隙間を作り、通気層を設ける通気工法が用いられます．

② 枠組壁工法（ツーバイフォー工法）

枠組壁工法は，構造体が枠組みや床，壁などの面材で構成されるため，壁は大壁となります（図2・46，図2・47）．

⑵ RC造の壁

木や金属製の胴縁にボード類を張り付け，塗装やクロスで仕上げる方法や，団子状にした接着剤でボード類をコンクリート面に浮かし張りにする方法があります．内部の間仕切り壁は，軽量鉄骨や木製の枠組みやコンクリートブロック，ALC板（軽量気泡コンクリート建材）などの下地に，ボード類を張ってつくります．軽量鉄骨壁下地のスタッド（間柱，大きな柱と柱の間に入れる小ぶりな柱）の間隔は，下地がある場合は450 mm，直張りの場合は300 mm程度となります．

⑶ 湿式壁仕上げ

壁の仕上げには湿式仕上げと乾式仕上げがあります．伝統的な湿式仕上げは，貫（柱など垂直な部材の間に渡す水平な部材）を通した小舞下地に左官が土や漆喰を塗り込めて仕上げます．今はラスボード下地にプラスターやモルタル，珪藻土などで仕上げるのが一般的です．

① 石こうプラスター塗り

ラスボードなどを下地とし，乾燥が速くひび割れも少ない．下地モルタルが乾燥してから塗る．コンクリート面へのモルタル塗りは，下に塗るものほど富調合（セメントの割合を多くした調合）とする．

② 漆喰塗り

和風住宅や土蔵造りの内外装に用いられる．伝統的工法では小舞下地に土を塗った上に塗られるが，現在では石こうボード下地に

2 mm厚程度で薄塗りされることが多い．

③　珪藻土塗り

化石化した珪藻（藻類の一種）の堆積土を原材料とする．石こうボード下地に調合済みの珪藻土壁材が薄塗りされることが多い．多孔質で調湿性がある．

④　土塗り

土を用いる左官仕上げで，和風建物の伝統工法．京壁とも呼ばれ，茶室や数寄屋建築に用いられる．今は土塗り風の人工材料が用いられることも多い．

コラム　石こうボードの種類

石こうボードは，芯材の石こうをボード用原紙で被覆成型した材料で，安価で高性能なため，様々な箇所に使用されています．

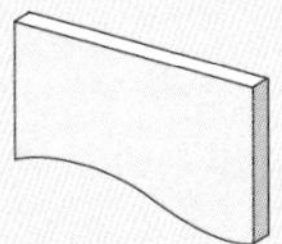

石こうボード
標準的なボード

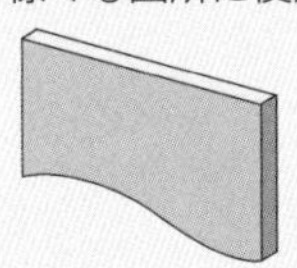

シージング石こうボード
両面の原紙と芯の石こうに防水処理を施した石こうボード

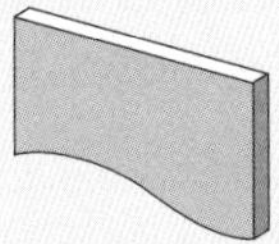

強化石こうボード
石こうの芯にガラス繊維などを混入し，耐火性能を強化した石こうボード

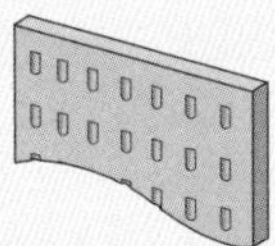

石こうラスボード
和室などの塗り壁用の下地材となる，表面に半貫通の型押しをした石こうボード

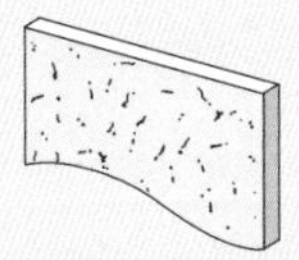

化粧石こうボード
表面を化粧加工した石こうボード

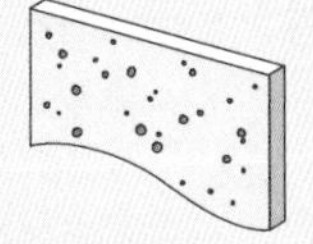

吸音用穴あき石こうボード
小さな穴のあいた，中・低音に優れた吸音効果を発揮する石こうボード

図2・48　石こうボードの種類

⑤　壁タイル

インテリアのタイルにはⅠ類（磁器質）とⅢ類（陶器質）の中間的な性質を持つⅡ類（せっ器質）が適する場合が多い．100 mm 角や 200 mm 角などの正方形のものがよく用いられる．これらの寸法は目地幅を含んでいて，実寸は 3 mm 程度小さい．

(4)　乾式壁仕上げ

工場生産されたボード類を張り付けて仕上げます．住宅の外壁には窯業系サイディング（セメントと繊維質が主原料の板状の外壁材）などが用いられます．内壁はボード下地に塗装や，ビニールクロスで仕上げることが多いです．壁紙の積算は，平米あたりの材料費に貼り手間を加えた平米単価を用いる場合が多く，歩留（ぶど）まり（この場合は，半端を除いた有効な材料の割合）を考慮して施工面積に 10～15 % の余分を見込みます．

①　壁紙仕上げ

ⓐビニールクロス

最も普及している壁仕上げ．接着剤にはでんぷんのりが用いられる．

ⓑ織物壁紙

平織り，綾織り，朱子織り（サテン）などがあり，かつては天然繊維から作られていたが，現在はレーヨンなどの合成繊維が用いられることが多い．

ⓒ紙壁紙

和紙や洋紙を原材料とし，欧米でよく用いられる．

②　木質系壁仕上げ

ⓐ羽目板張り

スギやヒノキなどの針葉樹の長尺板が用いられることが多い．

ⓑ合板張り

用途により様々な合板が用いられる．耐水性の高い順に特類，1類，2類，3類があり，特類は常時湿潤状態となる外壁や屋根下地，1類は断続的に湿潤状態となる浴室などに用いられる．

(iv)　天井

天井は古代は承塵と呼ばれ，屋根から降る塵を受けるものでした．京都御所の紫宸殿や清涼殿に天井は見られないように，現在の形の天井が現れるのは中世以降のことです．

天井を張らず，躯体である小屋裏やスラブ下端をそのまま天井面とするものを直天井といいます．天井を張る場合は一般に小屋裏や天井裏に空間をとり，そこは空調機器や配管，配線等に用いられます．このような天井は小屋組（屋根を支える骨組み）や上階の構造体から吊られる形となります．オフィスビルなどではシステム天井と呼ばれ，照明や空調，放送，スプリンクラー設備などをあらかじめ組み込んで規格化されたものが用いられます．

(1)　天井の下地

小規模な建物では木造下地が一般的です．小屋組または上階の床梁（床を支えている梁）に吊り木受けを取り付け，そこから吊り木を降ろし，野縁受けや野縁を吊り，それらを下地として天井が張られます．さお縁天井は，吊り木に野縁を付け，天井板を載せたさお縁を留めつけます（図2・49）．上階の床梁などの構造部に吊り木を直接取り付けると振動や伝搬音が伝わりやすくなるため，それを避けるために吊り木受けが用いられます．

中規模以上の建物の天井下地の多くは，軽量鉄骨下地となります．Tバー，クロスTバーなどの天井下地専用材を野縁や野縁受けとして吊りボルトで吊り，天井が張られます．天井ふところが1.5 m以

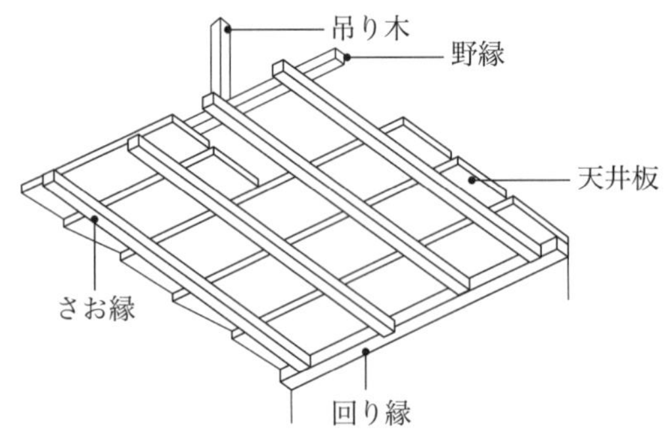

図2・49　さお縁天井

上の場合は吊りボルトの水平補強，斜め補強を行う必要があります．

(2) 天井の仕上げ

① さお縁天井

伝統的な天井で，天井下地が簡略化，軽量化できるので現在でも使われています．さおの方向は床の間と平行とし，床の間に向かわないようにします．本来は柾目（まさめ）（丸太の中心に近い部分の，年輪がまっすぐ平行に通っている木目）や板目（いため）（丸太の中心以外の部分の，年輪が平行でない木目）の杉板が張られますが，価格が高く反りやすく，不燃材の必要性などから，合板やボード類に突き板を張ったものなどがよく用いられます．

② 打ち上げ天井

野縁に下から天井板を留めて張ります．さお縁天井の板よりも厚めの，縁甲板や化粧合板などが使われます（図2・50）．

③ ボード張り天井

ボードがそのまま仕上げ面となるか，仕上げの下地となります．ボードが仕上げ面となるのは，石こうボードに印刷やプレス加工が

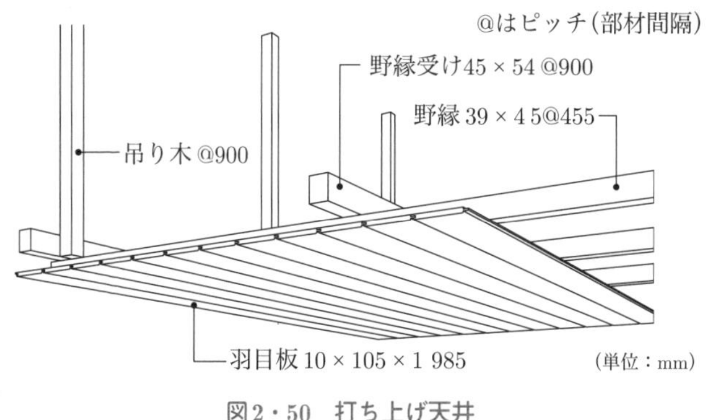

図2・50　打ち上げ天井

されているもの，吸音用穴あき石こうボードなどがあります．防水性のあるシージング石こうボードは外装にも用いられます．ボードが下地となる場合は，岩綿吸音板やケイ酸カルシウム板などが仕上げとして張られます．ケイ酸カルシウム板は耐水性，耐火性があるので軒天井（のきてんじょう）（建物の外壁から外にせり出した屋根の部分（軒）の裏側にある天井）などの外装にも使用されます．

④　その他

透光性のある天井板の裏に照明器具を設けて照明とする光天井や，ルーバーを用いて天井裏を隠す方法もあります．天井と壁との見切りは，天井が優先する納まり，壁が優先する納まり，回り縁を用いて見切るものなどがあります（図2・51）．

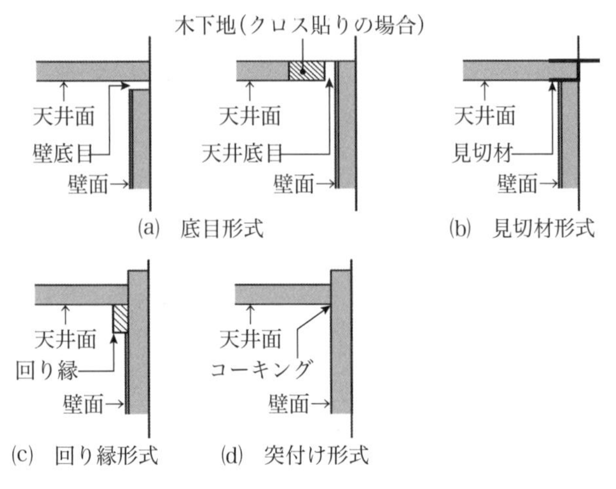

(a) 底目形式　(b) 見切材形式

(c) 回り縁形式　(d) 突付け形式

図2・51 壁と天井の見切り

(v) 造作（ぞうさく）

(1) 壁その他の造作

造作は，元は雑作と呼ばれ，躯体（くたい）工事以外の木工事のことをいいました．柱間の距離の測り方には心々（しんしん）と内法（うちのり）の二通りがありますが，敷居（しきい）の上面から鴨居（かもい）の下面までの距離を内法高（うちのりだか）ということから，和室では開口部周りの造作を総称して内法といいます（図2・52）．

① 敷居：柱と同じ幅で，厚さは30 mm程度の部材である．深さ2～3 mmの戸溝じゃくりに建具が建て込まれる．

② 鴨居：開口部の上部の横木で，厚さは36 mm程度，建具が入る場合の溝の深さは15 mm程度．戸溝じゃくりがないものは無目（むめ）と呼ばれる．

③ 長押（なげし）：鴨居の上部に付く部材で，かつては構造的な役割があったが，今では装飾的な部材となっている．

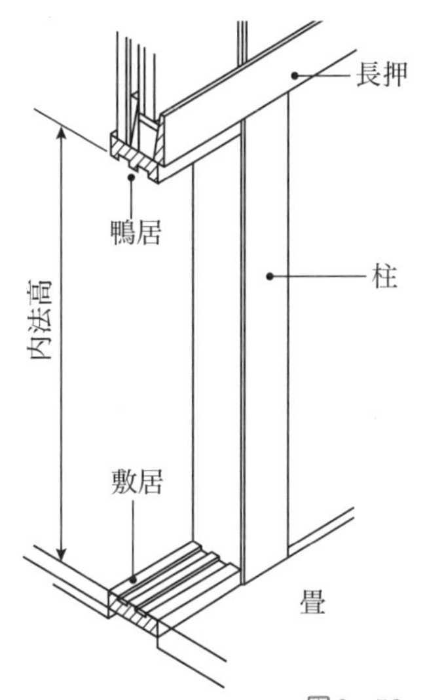

〔出典〕インテリア産業協会著『インテリアコーディネーターハンドブック 統合版 下』，p.40，図表6-82，インテリア産業協会，2013年

図2・52　内法

④　欄間(らんま)：小壁（鴨居と天井の間の狭い壁）の一部に格子や透かし彫りや障子などがはめ込まれた装飾的な部位．採光や通風をもたらす一方，断熱性や遮音性を低下させる．

⑤　内法の材料：柱と同材を用いることが一般的で，ヒノキ，スギ，ヒバなどが使用される．敷居には摩耗に強いサクラ，ヒノキ，カシなどが使用される．柱の角は欠損やケガの防止のため面取りされる．105 mm角（三五角：3寸5分）の柱は，糸面で面取された面と同幅の鴨居が付く面内(めんうち)納まりが一般的（図2・53）．

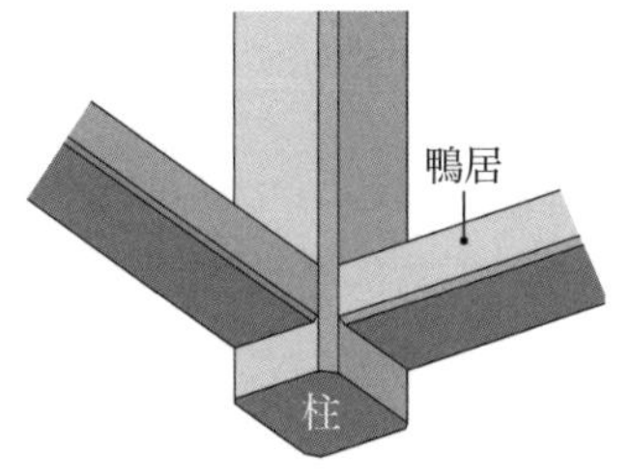

図2・53　面内納まり

⑥ 床の間：中世に様式化され，現在の和室にも簡略化されて受け継がれている．床の間と床脇（とこわき）から構成される本床（ほんどこ）が代表的（図2・54）．床の間に接する畳や天井のさお縁は，同図のように床の間に平行に配置される．

⑦ 幅木（はばき）：壁と床の見切り縁として，壁が床と交わる部分に設けられる．壁面を傷や汚れから保護したり，床材と壁材の隙間を隠したり，壁仕上げの定規となったりする役割がある．木製幅木は高さ60〜100 mm，厚さ15〜24 mm程度のものが多い．

⑧ 回り縁：天井と壁を見切る部材で，和室ではスギなど，ボード張りの天井ではアルミや塩ビ製の形材などが用いられる．

⑨ 畳寄せ：真壁と畳の隙間を埋める木材で，畳表面と同面で納

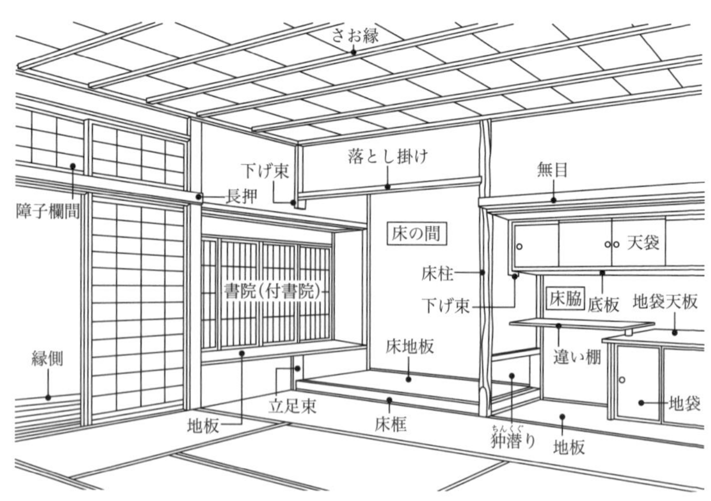

〔出典〕インテリア大事典編集委員会編『インテリア大事典』，p.604，図6-8-11，1988年（発行者　所荘吉，発行所　壁装材料協会，発売　彰国社）

図2・54　本床

まる．

⑩ 雑巾(ぞうきん)ずり：幅木を設けない箇所の見切り材で，15 mm 角程度の木材が用いられることが多い．

⑪ カーテンボックス：カーテンレールとカーテン上部を隠すための箱状の部材で，深さは120～150 mm，幅は2本レールの場合180～200 mm程度必要となる．

⑫ 造り付け家具：建物に組み込んで固定される家具である．既製品や注文生産のものなどがあり，目的や機能に応じて様々な板材が用いられる．

コラム 見付(みつ)け，見込(みこ)み，散(ち)り

見付けは，材の正面部分，またはその寸法のことで，見込みは，材の奥行き部分，またはその寸法をいう．

散りは，平面（壁面）と平面（枠面）の間の差の部分，またはその寸法をいう．

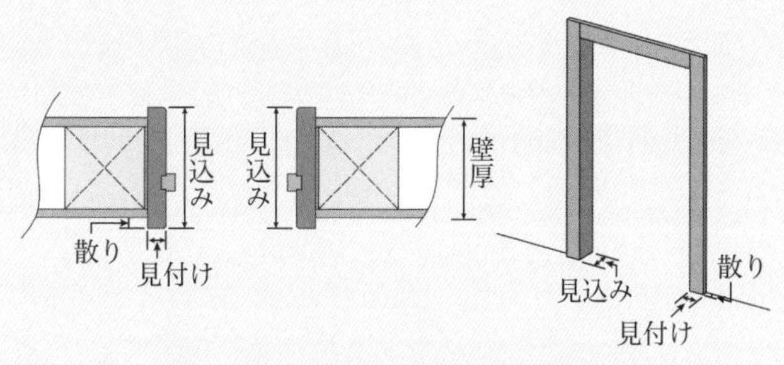

図2・55 開口部の見付け，見込み，散り

⑵ 開口部の造作と機能

開口部とは，壁面に設ける窓や出入口などの総称です（図2・56，図2・57）．寝殿造は壁面が少なく，柱間に外壁にあたる蔀戸（しとみど）が建て込まれていました．その後，壁面は増えていきますが，柱と柱の間に建具を建て込む形式は現在でも障子や襖（ふすま）として残っています．

コラム　窓の語源

窓という言葉の語源は，柱の「間」に立てられた「戸」，つまり間戸（まど）との説があります．西洋の組積造の建物では，開口部は壁に穿（うが）たれた孔（あな）であったとされています．英語のwindowの語源はwind（風）+ow（目）とされています．

① 外部開口部：気密性，遮音性，断熱性，防犯性，防火性などが求められるため，アルミや樹脂製のサッシが用いられる場合が多い．
② 内部の開口部の建具：枠と建具は別につくられ，円滑に動作するようにレールや戸車，蝶番（ちょうつがい）やヒンジなどの金物が使用される．開口部上部のレールから戸を吊る上吊り式の建具は，床面に凹凸が不要でバリアフリー性に優れる．大壁の建具は開口部の四方に枠を設けて取り付けられる（図2・58）．柱に縦枠を取り付け，壁仕上げ材は額縁で見切る．下枠は沓（くつ）ずりと呼ばれる．

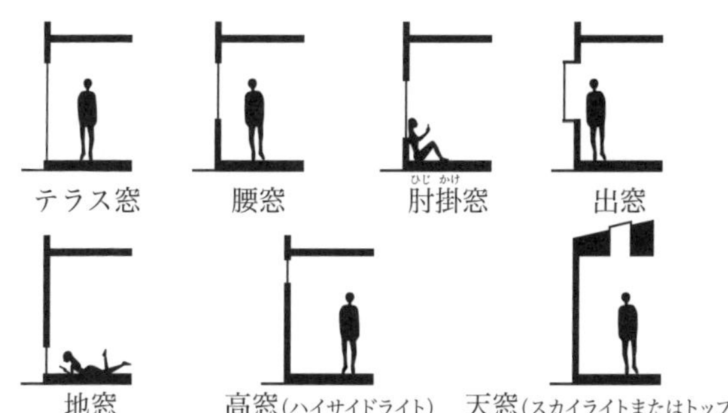

〔出典〕インテリア産業協会著『インテリアコーディネーターハンドブック統合版 下』，p.48，図表6-99，インテリア産業協会，2013年

図2・56　開口部の窓の名称

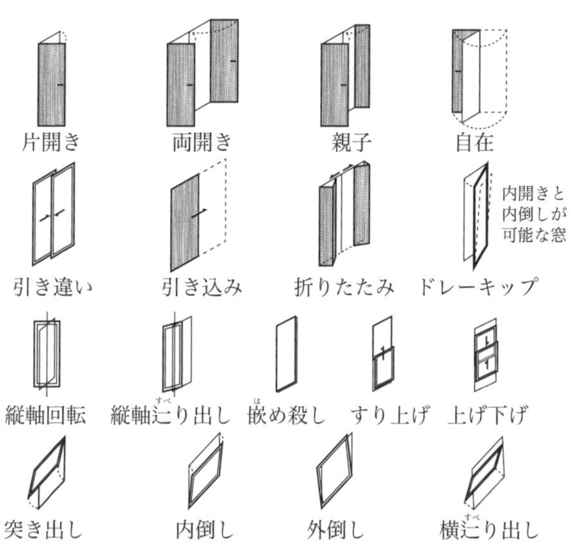

〔出典〕インテリア産業協会著『インテリアコーディネーターハンドブック統合版 下』，p.49，図表6-97，インテリア産業協会，2013年

図2・57　建具の開閉方式による名称

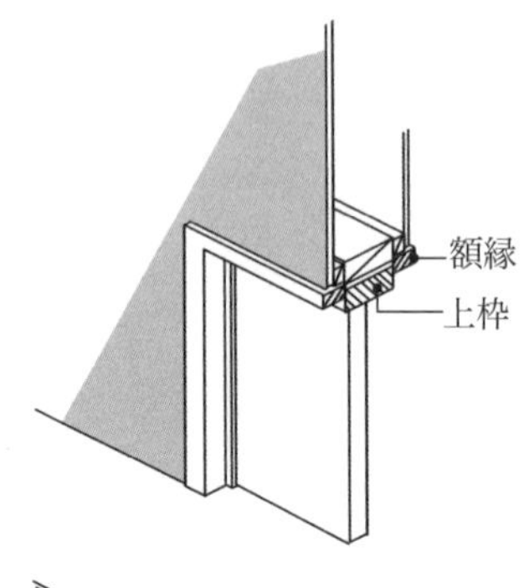

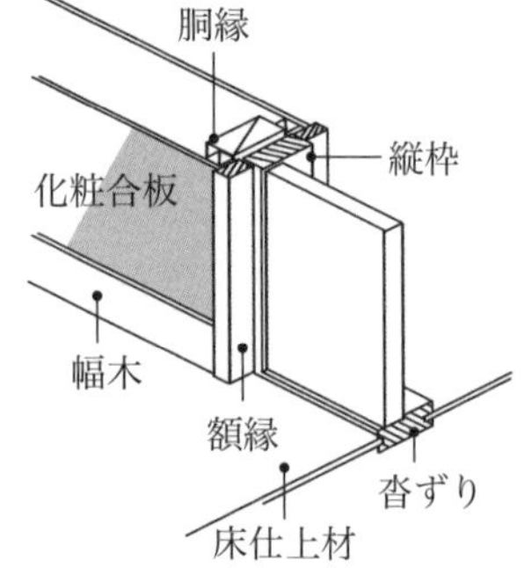

〔出典〕インテリア大事典編集委員会編『インテリア大事典』，p.590，図6-7-5，1988年（発行者　所荘吉，発行所　壁装材料協会，発売　彰国社）

図2・58　大壁の開口部

(vi)　木製建具とガラス

(1)　木製建具

①　引き戸：障子，襖，格子戸などがある．車椅子からの開閉のしやすさからバリアフリー対策として引き戸が設けられる場合が増えている．

②　開き戸：框戸（かまちど）やフラッシュ戸がある．和風住宅ではあまり用いられなかったが，気密性が高く施錠しやすいので現在は最もよく用いられる．

ⓐ框戸：無垢材の枠組みに板やガラスをはめ込んで作られる．

ⓑフラッシュ戸：芯材の両面に化粧合板や羽目板を張って作られる．フラッシュ（flush）とは「平らな」という意味．

③　折れ戸：開き戸と引き戸の両方の機能を持ち，クローゼットなどの広めの開口部を仕切るために用いられる．

⑵　ガラス

紀元前2世紀の古代ローマで吹きガラスが生産され，採光に用いられました．大きなガラスはまだ作れなかったため，小さなガラスをつなぎ合わせるステンドグラスの技法が生まれました．1950年代の溶融金属に溶解ガラスを浮かべるフロート法により，磨き工程なく平滑なガラスの量産が可能となりました．

①　フロート板ガラス：最も一般的なガラス．

②　すり板ガラス：フロート板ガラスの片面を不透明に処理したもので，水が付着すると透明になる．普通のガラスより割れやすい．

③　フロストガラス：フロート板ガラスの片面を化学処理したもので，すり板ガラスよりも透明度が高く，水が付着しても透明度が変化しない．

④　型板ガラス：片面に凹凸があり，光は通し，視線は遮（さえぎ）る．

⑤　網入りガラス：金網が入ったガラスで防火性，飛散防止性があるが，防犯性はない．

⑥　複層ガラス（ペアガラス）：2枚の板ガラスの間に空気層があるもので，断熱性，遮熱性がある．空気層が真空層のものは真空ガラスと呼ばれ，断熱性が高い．

⑦　防耐火ガラス：強化処理により，網入りではないが，防火性能を有する．

⑧　合わせガラス：2枚の板ガラスの間に透明な中間膜が挟まれたもので，飛散防止性，防犯性に優れる．防弾用のものもある．

⑨　強化ガラス：強化処理がされたガラスで，割れると断片が粒状になる．サッシのないガラス戸などに用いられる．現場で加工はできない．

⑩　熱線吸収ガラス：金属を混入したガラスで，日射の透過を抑制

し，輻射熱（ふくしゃねつ）を吸収する．

⑪ 熱線反射ガラス：表面に金属酸化物を焼き付けたもので，日射を反射する．冷房負荷を軽減する．

⑫ ガラスブロック：中空のブロック状のガラスで，光を透過し，断熱性や遮音性もある．施工の際は縦横に補助筋が通され，1cm程度の目地でモルタルやシール材が充填（じゅうてん）される．

(vii) 塗装

伝統的な和風住宅では塗装仕上げはあまり用いられませんでしたが，現在その割合は増しています．また溶剤系塗料はVOC（人体に有害とされる揮発性有機化合物）やにおいが忌避されるので，インテリアでは水溶性塗料が主流となっています．

① 合成樹脂エマルションペイント1種（AEP）：合成樹脂のアクリルと顔料を主原料とした水溶性塗料で，耐候性や耐摩耗性に優れ，外装や浴室やキッチンなどに用いられる．

② 合成樹脂エマルションペイント2種（EP）：水に顔料を乳化させて混ぜ込んだ塗料で，木部，モルタル，コンクリートなどに幅広く使用される．

③ オイルステイン（OS）：木部の着色に用いる着色剤で，油溶性の染料をボイル油に溶解したもの．木の素材や木目を生かす仕上げに用いられる．

④ オイルフィニッシュ（OF）：ボイル油等をはけ塗りし，10～15分放置した後，粗い麻布ですりこみつつふき取って仕上げる．

⑤ オイルペイント（OP）：ボイル油に顔料を配合した塗料で，安価で塗りやすく，耐衝撃性，耐候性に優れる．主に木部や鉄部に使われ，コンクリートには使用できない．

⑥ クリアラッカー（CL）：顔料が入らない塗料で，乾燥が早く，透

明な仕上げが得られ，つやが出る．木工家具や木部の塗装に適する．

(viii)　階段・はしご

木造階段には図2・59のように側桁（がわげた）階段，ささら桁（げた）階段，中桁（なかげた）階段などがあります．

階段での事故は多く，特に高齢者への配慮が必要となります．昇降しやすい階段の勾配は30～35度とされています（図2・60）．蹴上（けあ）げと踏面（ふみづら）の寸法を用いて次の式が用いられる場合もあります．

$2R+T=550\sim650\,\mathrm{mm}$（自然歩幅の場合）

R：蹴上げ，T：踏面

段板の踏面の先端部分を段鼻（だんばな）といいます（3編　図3・2）．段鼻は昇降の際の足がかりとなるため摩耗しやすく，滑りやすいので，ノンスリップと呼ばれる滑り止めが取り付けられます．ノンスリップが段板から突出し過ぎるとつまずきやすいので，突出は2 mm以下とします．

手すりの高さは750～850 mmが一般的です．転落防止用の手すりには1 100 mm以上の高さが必要となります．壁に手すりを取り

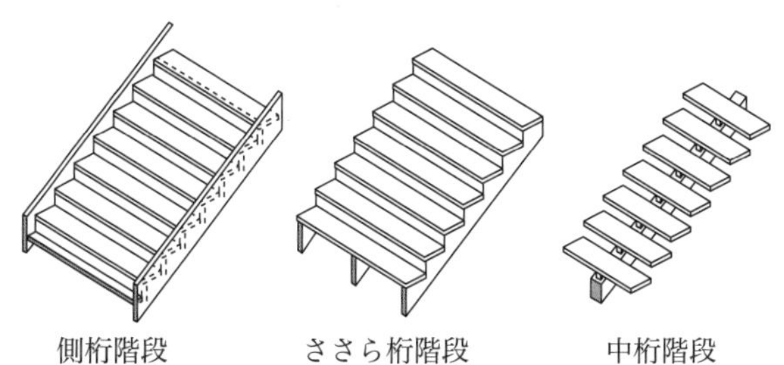

〔出典〕インテリア産業協会著『インテリアコーディネーターハンドブック技術編［改訂版］』，p.184，図表7-101，インテリア産業協会，2003年

図2・59　木造階段の種類

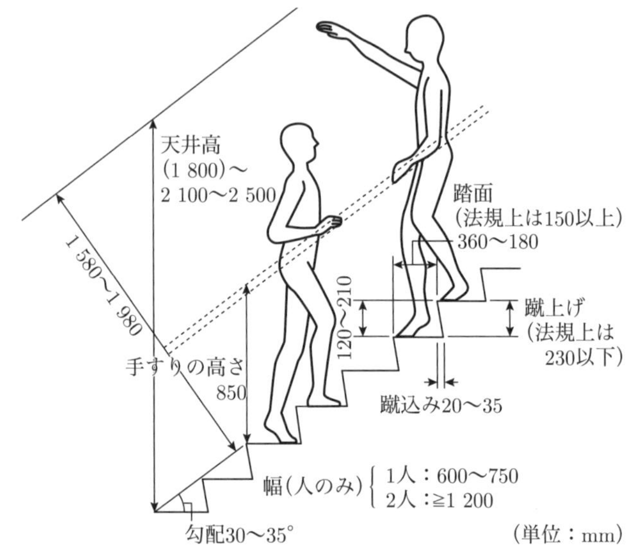

〔出典〕インテリア産業協会著『インテリアコーディネーターハンドブック上』，p.135，図表1-112，インテリア産業協会，2013年

図2・60　階段各部の名称と寸法

付ける場合は，図2・61のように手すりと壁の空きを40 mm以上確保します．壁からの手すりの出っ張りが100 mm以下の場合は，法的に手すりの出が階段幅に影響しないとみなされます．手すりの径は直径35 mm程度が握りやすいとされています．折り返し階段の手すりと段板の配置を行う際は，図2・62のように段板を一段ずらして納めることがあります．また屋根裏収納やロフトへの昇降は，設置面積が小さいはしごを用いる場合もあります（図2・63）．

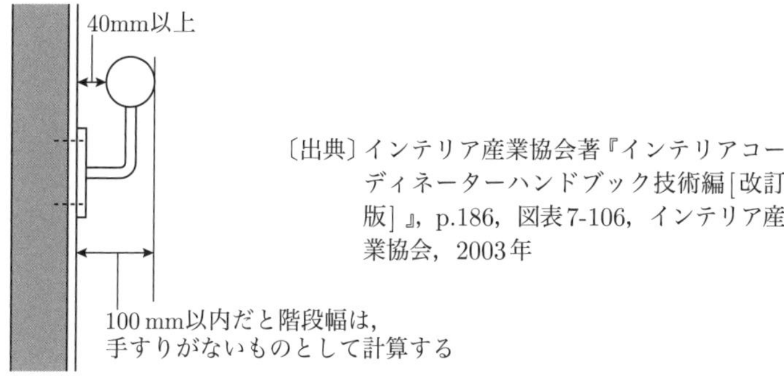

〔出典〕インテリア産業協会著『インテリアコーディネーターハンドブック技術編［改訂版］』，p.186，図表7-106，インテリア産業協会，2003年

図 2・61　壁に取り付ける手すり

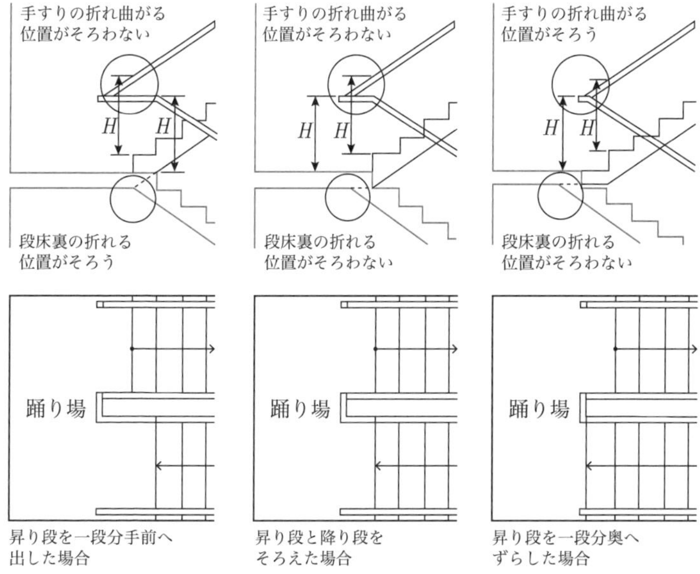

〔出典〕日本建築学会編『コンパクト建築設計資料集成［インテリア］』，p.49，階段の手すり，丸善出版，2011年

図2・62　折り返し階段の手すりと段板の関係

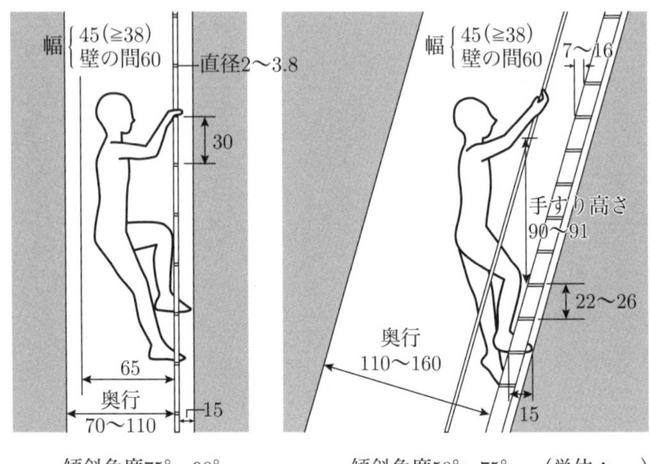

〔出典〕日本建築学会編『コンパクト建築設計資料集成［インテリア］』, p.48, はしごの機能寸法［3］, 丸善出版, 2011年

図2・63　はしごの寸法

2.5 インテリアの環境

(i) 自然環境

日本の国土は南北に約3 000 kmと長く，地域によって気象条件が大きく異なります．住宅の省エネルギー基準では，気象条件に基づいて全国を8地域に区分し，それぞれの地域に断熱性やエネルギー消費の基準を定めています(図2・64)．

冷暖房を行わない中間期や初夏の通風性能を検討する際に，対象地域の風配図が用いられます．図2・65の例では，夏季の南風の割合が高いことから，風上の南面に流入開口部を設け，その他の面に流出開口部を設けると通風性能が高まることが分かります．

地域区分	主な該当都道府県（注：市町村毎に地域区分を定めている）
1	北海道
2	
3	青森県　岩手県　秋田県
4	宮城県　山形県　福島県　栃木県　新潟県　長野県
5	茨城県　群馬県　埼玉県　千葉県　東京都　神奈川県　富山県　石川県　福井県　山梨県　岐阜県　静岡県　愛知県　三重県　滋賀県　京都府　大阪府　兵庫県
6	奈良県　和歌山県　鳥取県　島根県　岡山県　広島県　山口県　徳島県　香川県　愛媛県　高知県　福岡県　佐賀県　長崎県　熊本県　大分県
7	宮崎県　鹿児島県
8	沖縄県

地域区分	1	2	3	4	5	6	7	8
外皮平均熱貫流率 U_A[W/(m^2・K)]	0.46		0.56	0.75	0.87			—
冷房期の平均日射熱取得率　η_{AC}[−]	—				3.0	2.8	2.7	3.2

〔出典〕建築環境・省エネルギー機構ホームページ，「住宅の省エネルギー基準」

図2・64　省エネルギー基準における地域区分

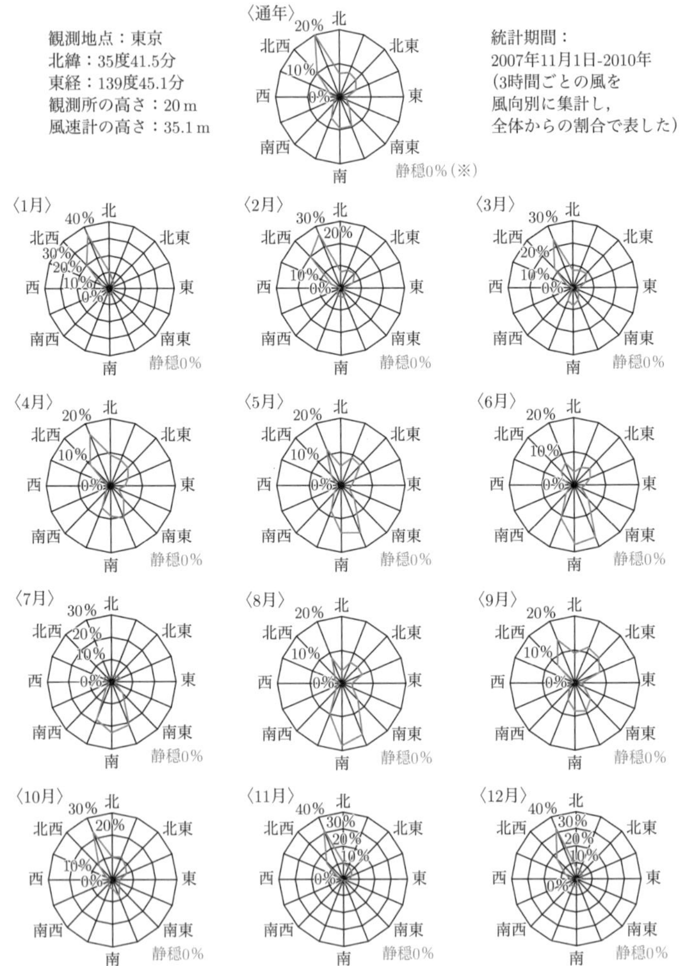

※静穏とは，風速が0.2m/s 以下の場合

〔出典〕東京管区気象台ホームページ，「管内の風配図」

図2・65　風配図の例（東京）

また，その地域の可照時間（日の出から日没までの時間）に対する日照時間の割合である日照率から，天空光を室内でどれほど活用できるかが推測できます．建物の内部空間の計画でも，その地域の自然環境を把握することが必要となります．

日本の多くの地域では，冬は低温低湿，夏は高温高湿となります．温暖な地方の住居では伝統的に，夏季の快適性が重視されてきました．通風性能が高い開放的な間取りを基本として，冬期は火鉢やこたつなどの局所暖房で寒さをしのぎました．室内環境が人工的に調節できるようになると，積極的に建築設備を利用して快適性が追求されるようになりました．世帯あたりのエネルギー消費量は図2・66のように2000年頃まで増加し続け，その後は横ばいとなっています．近年では断熱性を高め，太陽光発電などでエネルギーを作り出すことにより年間のエネルギー消費量をゼロとみなすZEB（Net

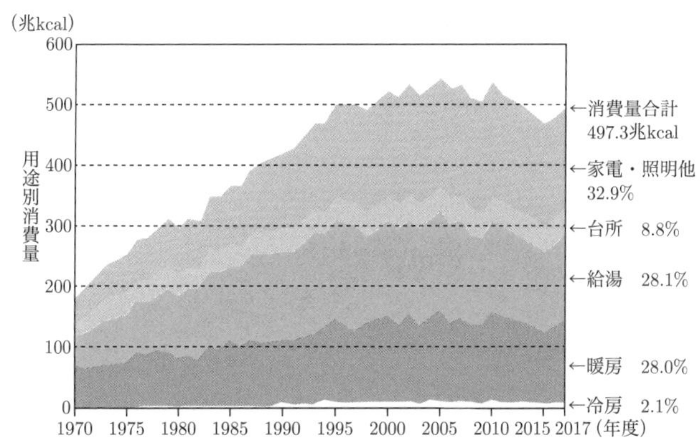

〔出典〕日本原子力文化財団ホームページ，「原子力・エネルギー図面集」，【1-2-12】家庭部門用途別エネルギー消費量

図2・66 家庭部門エネルギー消費量

Zero Energy Building), ZEH (同 House) なども提案されています.

(ii)　熱・日射・湿度

(1)　熱の性質

熱の移動方法は, 次の3つに分類されます.

①伝導：固体内部を熱が伝わる現象

②対流：温度の異なる物質が混ざり合うことで熱が伝わる現象

③輻射(ふくしゃ)(放射)：物体表面からの電磁波の射出, 吸収で熱が伝わる現象

建物の壁などでは図2・67のように, これら3つの現象が複合して生じています.

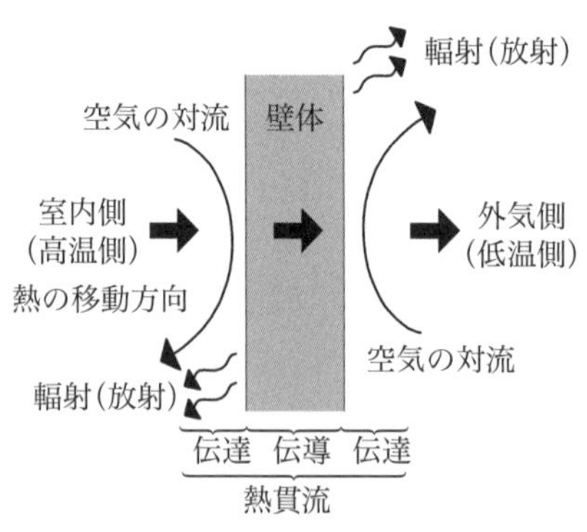

図2・67　外壁での熱の移動

(2)　熱伝導率と熱抵抗

熱伝導率は熱の伝わりやすさを表し, 単位面積を流れる伝熱量[W/m^2]は, 温度勾配[K/m]に熱伝導率[W/m・K]をかけて求められます. 表2・9のように空気を多く含み, 密度が小さい材料ほど熱伝導率が小さくなります. 静止した空気の熱伝導率は小さいが, 対流が

表2・9 建築材料の熱伝導率

建材等名称	熱伝導率[W/m・K]
銅	370
アルミニウム	210
鋼	55
コンクリート	1.6
ガラス	1.0
軽量コンクリート(軽量1種)	0.8
土壁	0.69
天然木材	0.12
畳	0.083
カーペット類	0.08
押出法ポリスチレンフォーム 保温板 1種	0.040
グラスウール断熱材24K相当	0.038
空気	0.024

〔出典〕住宅生産団体連合会ホームページ，省エネ計算の実践講習会〈参考資料〉【令和元年度版】
国立天文台編『理科年表2020』，丸善出版，2019年

生じると熱が伝わりやすくなります．ポリスチレンやグラスウールは空気を多く含みながら，対流を生じない構造になっているため断熱性がきわめて大きくなります．

(3) 熱貫流率

熱貫流率は，壁や屋根などの熱の通しやすさを表します．壁の内外に1 K(ケルビン)の温度差があるときの，1m^{2}あたりの伝熱量[W/m^2・K]を用います．窓は建物の中で最も熱を伝えやすい部位ですが(図2・68)，ブラインドやカーテンを組み合わせたり，内窓を設けたり，高性能な断熱サッシを用いたりすることで熱貫流率を大きく低減できます(図2・69)．性能が低い窓の断熱改修は費用対効果が大きく，リフォームで重視されます．

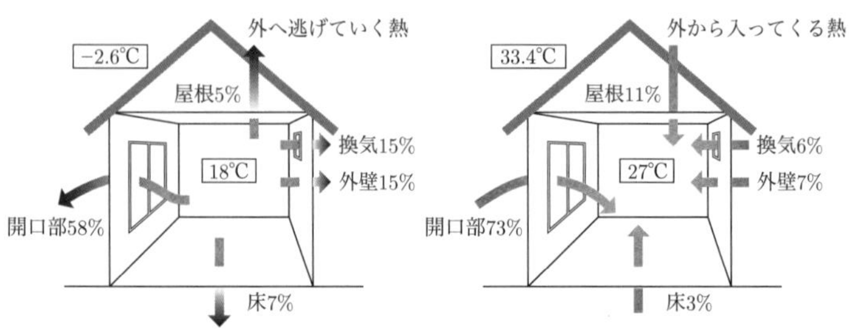

〔出典〕日本建材・住宅設備産業協会ホームページ，「Q&A」

図2・68　住宅各部の熱の出入り

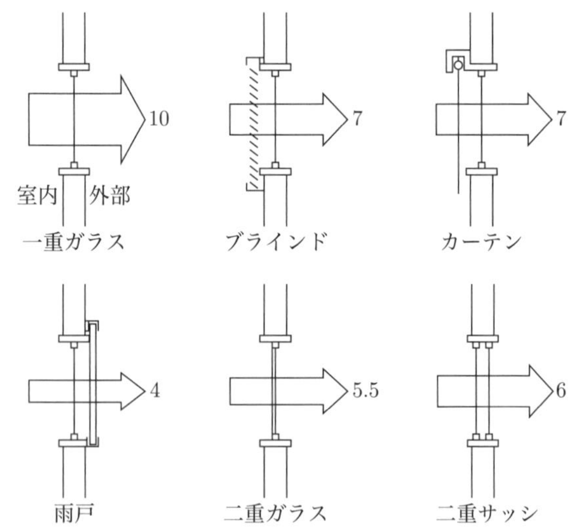

（温度差が同じ場合の単位面積当たりの熱の出入りの比較）

〔出典〕インテリア産業協会著『インテリアコーディネーターハンドブック統合版 下』，p.102，図表7-11，インテリア産業協会，2013年

図2・69　ガラス窓と窓まわりによる熱の伝わりやすさ

(4) 断熱性と気密性

インテリアの快適性や省エネルギー性を高めるうえで，建物の断熱性・気密性を高めることは，夏季，冬期ともに有効です．断熱方法には，グラスウールなどの断熱材を壁の内部に設ける充填(じゅうてん)断熱や，ポリスチレンフォーム板を壁の外側に設ける外(そと)断熱などがあります．

(5) 日射の遮蔽(しゃへい)

日本で南向きの家がよいとされるのは，望ましい日射が得られるためです．南面の窓は図2・70のように，夏季は太陽高度が高いため日射は庇(ひさし)に遮られ室内に侵入しにくく，冬期は太陽高度が低いため日射が室内を温めます．東西面の窓は日の出，日の入り時に正面からの強い日射を受けるため，特に夏季の西日対策が不可欠です（図2・71）．窓まわりに日除けを設けるだけでなく，日射を受ける外壁や屋根にも十分な断熱が必要となります．

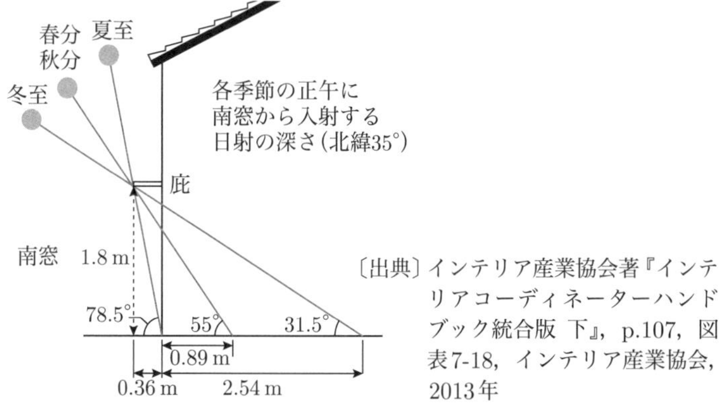

〔出典〕インテリア産業協会著『インテリアコーディネーターハンドブック統合版 下』，p.107，図表7-18，インテリア産業協会，2013年

図2・70 南窓の日射方向の季節変化

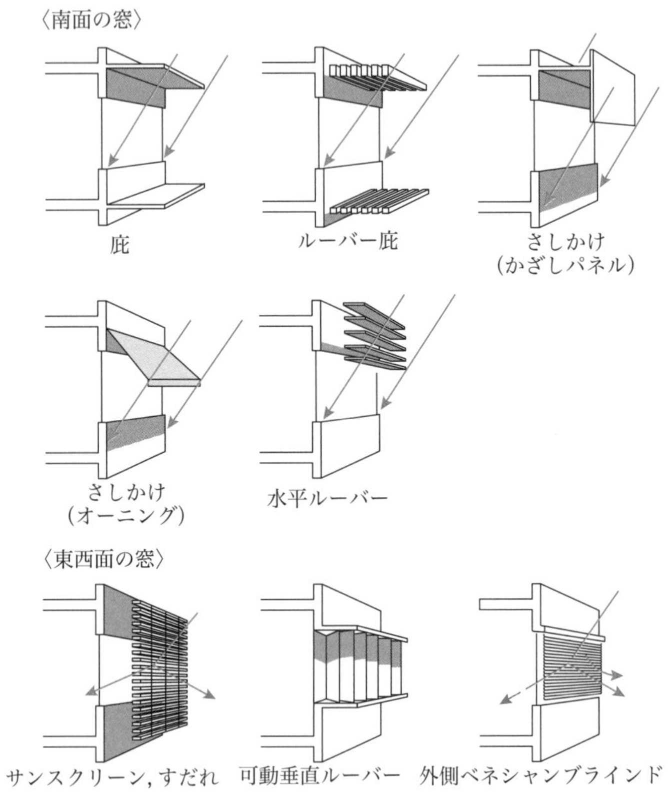

〔出典〕インテリア産業協会著『インテリアコーディネーターハンドブック統合版 下』，p.107，図表7-20，インテリア産業協会，2013年

図2・71　南面の窓と東西面の窓の日射の遮蔽

(6)　湿度

空気中の水分量を表すものとして，絶対湿度と相対湿度があります．容積絶対湿度σは，単位体積の空気中に含まれる水蒸気量（単位

は[g/m³])，重量絶対湿度xは1 kgの乾き空気と共存している水蒸気量（単位は[kg/kg']）で表します．相対湿度は，ある温度の空気の飽和水蒸気圧f_sに対する実際の水蒸気圧の割合で，一般的な湿度はこちらを指します．

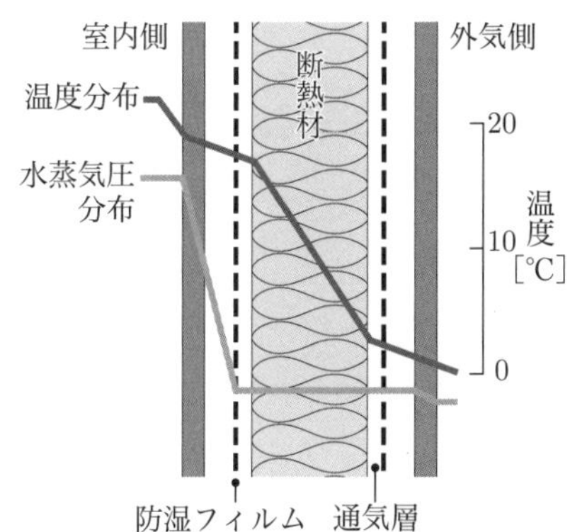

図2・72　断熱材のある外壁内外の温湿度分布（冬期）

湿り空気の温度が下がり，水蒸気量が飽和状態に達する時の温度を露点温度といいます．さらに温度が下がると，余った水蒸気が凝縮して水滴となるが，これを結露といいます．結露が壁や押入の中で生じると，カビや腐朽（ふきゅう）（腐（くさ）って崩（くず）れてしまうこと）の原因となります．結露を防ぐには，室内の水蒸気を多く含んだ暖かい空気が冷たい箇所に接触しないことが必要となります．断熱材の両側では温度が大きく変化することから，防湿層を断熱材の室内側に設けることが有効です（図2・72）．

⑺　温度感覚

人間が快適と感じる居室の温湿度の条件は表2・10のとおりです．省エネルギー基準では冷房温度26 ℃，暖房温度22 ℃が標準とされています．オフィスにおける執務時の着衣条件を緩和して冷房温度28 ℃，暖房温度20 ℃とする場合もあります．ただし冷房温度28 ℃の場合，室内気流によって快適性を確保する必要があります．

表2・10　室内温湿度の基準値

	夏季	冬期
一般建物 （事務所・住宅など）	26℃（25～27℃） 50%（50～60%）	22℃（20～22℃） 50%（40～50%）
営業用建物 （銀行・デパートなど）	27℃（26～27℃） 50%（50～60%）	21℃（20～22℃） 50%（40～50%）
工業用建物 （工場など）	28℃（27～29℃） 50%（50～65%）	20℃（18～20℃） 50%（40～50%）

注）中間期は夏季と冬期の中間の値を用いるとよい．
　　（　　）内の値は温湿度の適用限界範囲を示している．

〔出典〕インテリア産業協会著『インテリアコーディネーターハンドブック技術編［改訂版］』，p.207，図表8-27，インテリア産業協会，2003年

(iii)　換気

(1)　室内空気の汚染源

健康な生活には清浄な空気が不可欠で，近年の気密性の高い建物では特に適切な換気対策を行うことが必要となります．人体から発生する二酸化炭素，燃焼に伴い発生する一酸化炭素，木質部材から

表2・11　空気汚染物質の許容濃度（ppm: 1.0×10^{-6}）

物質名	許容濃度
二酸化炭素	1 000 ppm以下
一酸化炭素	10 ppm以下
浮遊粉塵（10 μm以下）	0.15 mg/m^{3}以下
ホルムアルデヒド	0.1　mg/m^{3}以下

〔出典〕厚生労働省ホームページ，「建築物環境衛生管理基準について」

発生するホルムアルデヒドやVOC（揮発性有機化合物）が汚染物質として知られ，許容濃度が定められています（表2・11）.

⑵ 必要換気量

在室者一人あたりの必要換気量は建築基準法では20 m^3/hとされています．室内で開放型燃焼器具を使用する場合，建築基準法では発熱量1 kWhあたり約40 m^3～20 m^{3}以上の換気が必要とされています.

シックハウスの原因物質として，クロルピリホス（防蟻剤）は使用禁止で，ホルムアルデヒドは使用面積の制限があります．JIS（日本産業規格），JAS（日本農林規格）では建材のホルムアルデヒド発散速度に応じて，「F☆☆☆☆」、「F☆☆☆」などの表示をしています．内装仕上げに用いる建材の場合，ホルムアルデヒドの発散がきわめて少ない「F☆☆☆☆」は面積の制限なし，次に少ない「F☆☆☆」は床面積の2倍までの使用となっています．また住宅等の居室では換気回数0.5回/h（1時間あたり部屋の空気の半分が交換される）の機械換気を行うことが必要とされています.

⑶ 換気の種類

自然換気には，外部風による風力換気や，室内空気の温度差による温度差換気があります（図2・73）．シックハウス対策やトイレ，台所，浴室では送風機による機械換気が必要となります.

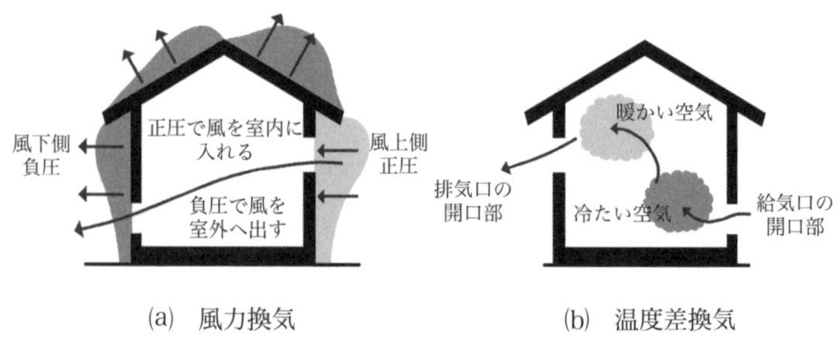

(a) 風力換気　(b) 温度差換気

図2・73　自然換気の種類

(iv) 音

(1) 音の性質

音は空気中を伝わる縦波で，人間の耳にとらえられる範囲の波長のものです（図2・74）．音が壁などに遮られてエネルギーが減少し，音の強さが小さくなることを遮音といいます．壁に当たった音は一部が反射し，一部は吸収され，残りは裏側に透過します（図2・75）．

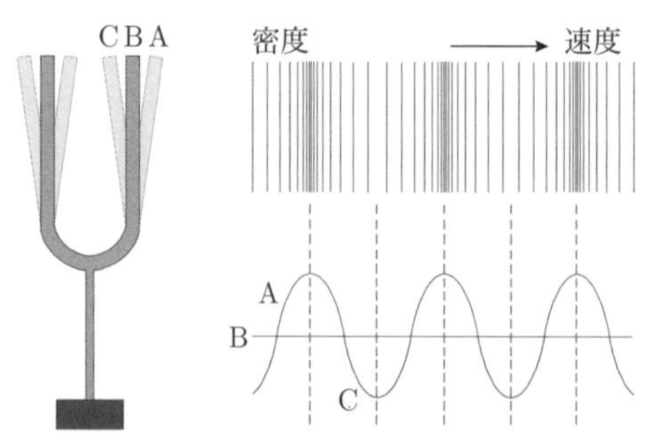

図2・74　音の伝わり方

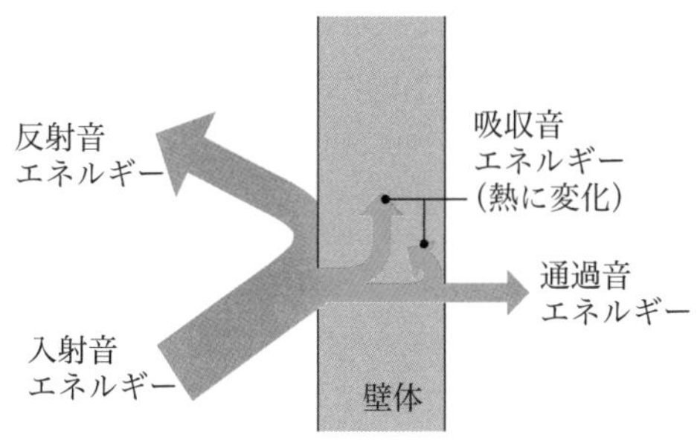

〔出典〕インテリア産業協会著『インテリアコーディネーターハンドブック技術編［改訂版］』，p.211，図表8-36，インテリア産業協会，2003年

図2・75　屋外から屋内への音の伝わり方

⑵　音の属性

①　音の強さ

音の強さは，音が伝わる方向に垂直な単位面積を1秒間に通過する音のエネルギーで，単位は[W/m^2]で表されます．点音源では，音の強さは音源からの距離の2乗に反比例して減少します．例えば距離が2倍になると音の強さは$\frac{1}{4}$になります．人間の感覚的な音の強さは対数に比例するため，一般に音の強さは，常用対数による単位のdB（デシベル）で表します（図2・76）．

②　音の高さ

人間が感じることができる音の周波数の範囲は，20～20 000 Hz（ヘルツ）です．周波数が小さい音は低く，周波数が大きい音は高く聞こえます．周波数が2倍になると音程が1オクターブ上がります．

③　音色

ピアノやバイオリンの音色のように，同じ高さの音であっても異なった音として聞こえるのは，それらには様々な周波数の音が含ま

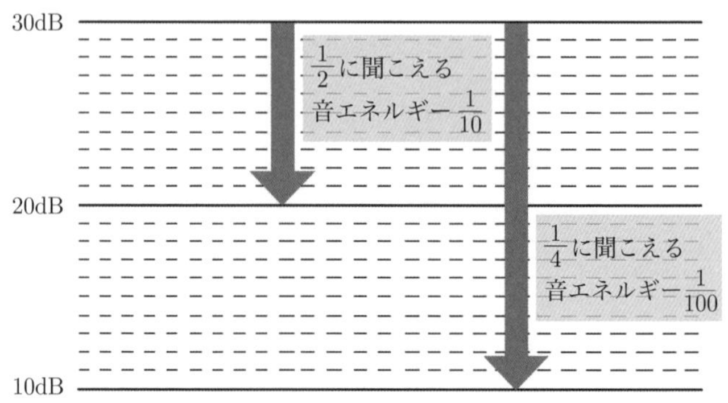

10dB減衰すると，人間の耳には音が半減して聞こえます．

図2・76　音の強さと人の感覚

れているためです．

(3)　室内の音環境

室内の音環境を整えるには，必要な音はよく聞こえ，不必要な音は侵入しないようにします．そのために，建物の躯体や内装材によって遮音や吸音が行われています．不快で排除したい音は騒音と呼ばれ，環境基準や建物用途による一般的な基準値（表2・12）が定められています．

(4)　遮音

遮音壁は，透過損失が大きいほど遮音性能が高いことを意味します．透過損失は，単位面積あたりの質量（面密度）が大きいものほど大きいので，壁であれば重く，厚く，緻密（ちみつ）なものほど遮音性が高くなります．例えばコンクリート壁は遮音性が高く，障子（しょうじ）や襖（ふすま）は遮音性が低いといえます．二重構造の壁では，低音域の透過損失を単層構造の壁よりも低下させる場合があり，このことを低音共鳴透過

表2・12　建物用途による基準値

dB(A)	20	25	30	35	40	45	50	55	60
NC～NR	10~15	15~20	20~25	25~30	30~35	35~40	40~45	45~50	50~55
うるささ	無音感――――非常に静か――特に気にならない――騒音を感じる――――騒音を無視できない								
会話・電話への影響	5m離れてささやき声が聞こえる――10m離れて会議可能――――普通会話(3m以内)――――大声会話(3m) 電話は支障なし――――電話は可能――電話はやや困難								
スタジオ	無響室	アナウンススタジオ	ラジオスタジオ	テレビスタジオ	主調整室	一般事務室			
集会・ホール		音楽堂	劇場(中)	舞台劇場	映画館・プラネタリウム		ホールロビー		
病院		聴力試験室	特別病室	手術室・病室	診察室	検査室	待合室		
ホテル・住宅				書斎	寝室・客室	宴会場	ロビー		
一般事務室				重役室・大会議室	応接室	小会議室	一般事務室		タイプ・計算機室
公共建物				公会堂	美術館・博物館	図書閲覧	公会堂兼体育館	屋内スポーツ施設(拡)	
学校・教会				音楽教室	講堂・礼拝堂	研究室・普通教室		廊下	
商業建物					音楽喫茶店 宝石店・美術品店	書籍店	一般商店 銀行 レストラン	食堂	

〔出典〕インテリア産業協会著『インテリアコーディネーターハンドブック技術編［改訂版］』，p.215，図表8-44，インテリア産業協会，2003年

といいます（図2・77）．遮音性能を表す等級にJISのD値があり，その数値が大きいほど遮音性能は高くなります．同様にDr値は設計で必要とされる遮音性能（設計目標値）を表します．例えばDr-60はDr-50より遮音性能が高くなります．

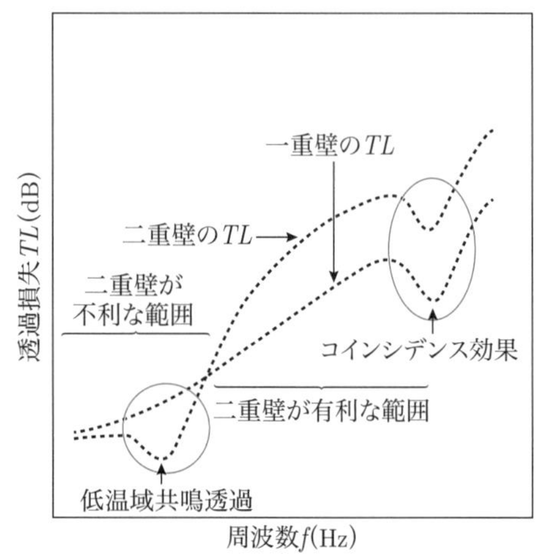

〔出典〕インテリア産業協会著『インテリアコーディネーターハンドブック技術編［改訂版］』，p.214，図8-42，インテリア産業協会，2003年

図2・77　低音共鳴透過

(5)　吸音

音が反響しすぎると不快で，聞き取りにくくなるため，室内の音環境には適度な吸音性能も求められます．音の反射率の大きな材料は反射材料，吸音率の大きな材料は吸音材料と呼ばれます．ガラスやコンクリートなどの硬く緻密な材料は反射材料で，畳やフェルトなどの軟らかく多孔質なものは吸音材料です．一般に高周波音の吸収率は高く，低周波音の吸収率は低くなります．インテリアの材料選定では，硬く耐久性や見栄えの良い材料ばかりでなく，吸音材料も併せて選択すると音環境が向上します．

(6)　残響

室内で反射した音が響き合ってしばらく残ることを残響といい，

音の響き具合を表す残響時間という指標があります．音を止めてから室内の音圧レベルが60dB下がる（10^{-6}：百万分の1となる）までの時間で表します（図2・78）．残響時間は，部屋の容積が大きいほど，吸音力や表面積が小さいほど，長くなります．

（参考）セイビンの式　$T=0.161V/(\alpha \cdot S)$　（式8）

T：残響時間[sec]，V：室容積[m^3]，α：平均吸音率，

S：室内表面積 [m^2]

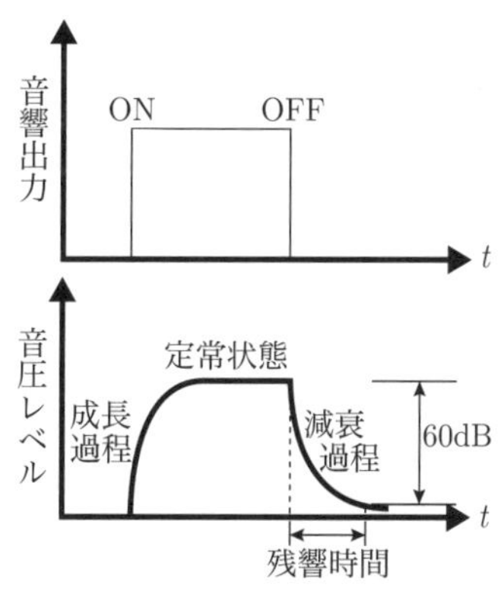

図2・78　残響時間

(v)　光

(1)　光と視覚

人間が視覚で感じることのできる可視光の波長は，380～780 nm（ナノメートル：10^{-9}m）の範囲に限られます（図2・79）．また光の波長によって，感覚の大きさ（視感度）は異なります．明所視では色彩を感知する「錐状体（すいじょうたい）（錐体）」，暗所視では光の強弱を感知する「桿状体（かんじょうたい）（桿体）」という視細胞がよくはたらきます．これにより暗所視で

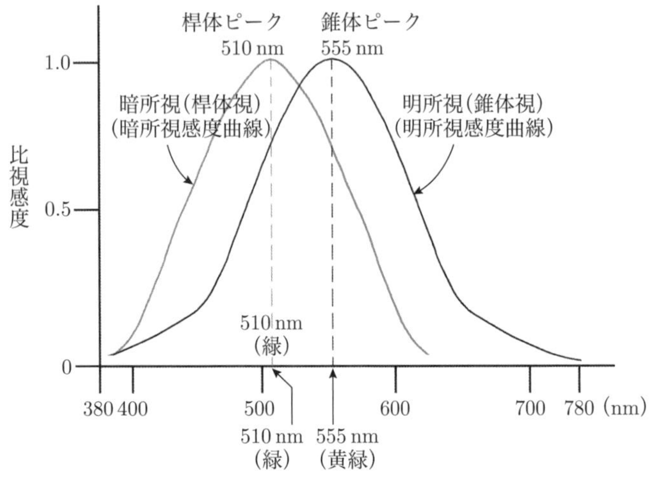

図2・79　視覚と波長

は青いものが明るく見え，赤いものが暗く見えるような現象を，プルキンエ現象といいます．視覚の明るさの変化への対応を順応といい，明るい環境から暗い環境へ変化したとき，徐々に視力が確保されることを暗順応，逆の場合を明順応といいます．暗順応は明順応よりも時間が長くかかります．

⑵　光の指標

①　光束

光源を原点とした円錐（えんすい）を仮定し，その中を通過する光の束を光束という（図2・80）．単位は [lm]（ルーメン）．

②　光度

単位立体角あたり1 lmの光束を放射する光源の強さ（光度）を1 cd（カンデラ）という．

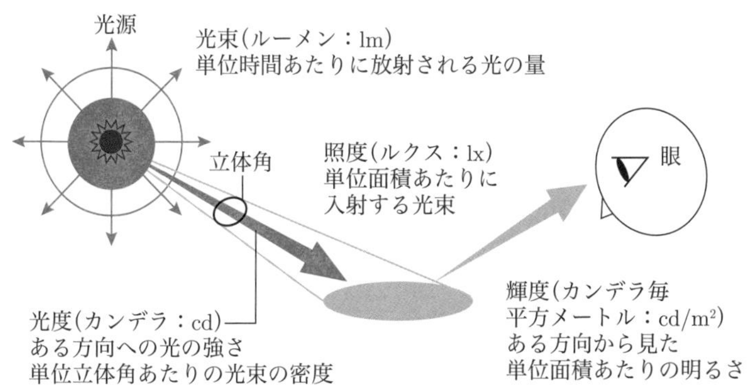

図2・80　光束，光度，照度，輝度

③　照度

光を受ける面の明るさを計る場合，1 m^2 の面積に1 lmの光束が入射する場合，受光面の照度を1 lx（ルクス）という．

④　輝度（きど）

光源や反射面から人の目に入る光の量を輝度という．単位は[cd/㎡]（カンデラ毎平方メートル）．

⑤　色温度

色温度は，光の色味を数値化したもので，絶対温度のK（ケルビン）で表されます．日中の太陽光は約5 500Kです．光環境の計画では，2 800 K～3 000 Kを「電球色」，3 500 Kを「温白色」，4 000 Kを「白色」，5 000 Kを「昼白色」，6 500Kを「昼光色」と区分します（図2・81）．色温度が低いほど落ち着いた雰囲気となり，高いほど活発な雰囲気になります．一般に照度が低い環境ほど低い色温度，照度が高い環境ほど，高い色温度が快適とされます．

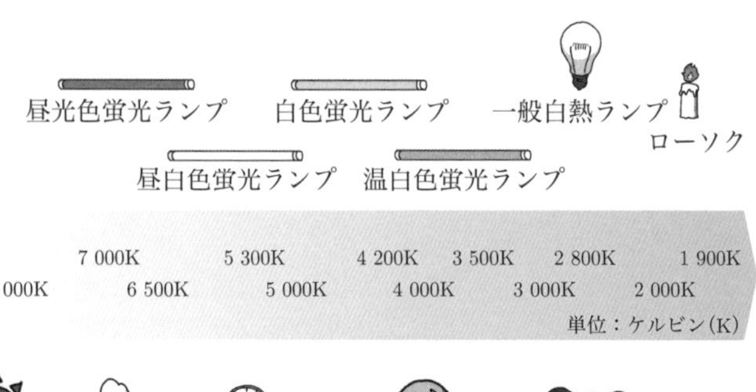

〔参考〕スガツネ工業㈱ホームページ，「色温度K(ケルビン)」

図2・81　色温度と照明

(3)　適正な視環境

①　グレア

同一視野の中の輝度の差が大きいためまぶしさを感じ，輝度の低い対象物が見えにくくなることをグレアといいます．グレアを避けるには，視線方向や視線に正反射する方向に光源を配置しないようにします．

②　均斉度

均斉度は，照度の分布を表す指標で，最高照度に対する最低照度の比（最低照度／最高照度）で表します．事務室や教室の均斉度は$\frac{1}{3}$以上，同一机上面では$\frac{1}{1.5}$以上が望ましいとされています．所定の均斉度を確保するために，人工照明や自然採光のバランスをとることが必要となります．

③ 演色性

演色性は，照明に照射された物体の，色の見え方の指標です．数値が高いほど，対象物の本来の色の再現性が高くなります．太陽光の演色性Ra（演色評価数）＝100を基準とします．商業施設などで多用されるセラミックメタルハライドランプは，Ra＝92で高い演色性を持ちます．一方「水銀灯」はRa＝60程度，「高圧ナトリウムランプ」はRa＝25程度しかありません．限りなく原色に近い色が求められる美術館などでは演色評価数Ra＝100に近い照明器具が必要となります．道路やトンネルの照明では，演色性よりも効率や煙透過性，照明器具の寿命などが優先されるため，高圧ナトリウムランプなどが用いられます．

④ 明視（めいし）の4条件

明視（はっきりと見えること）の必要条件として，視対象の大きさ，対比，明るさ，動き（時間）が必要であるとされています．

(4) 日照

日照は，建物を温め，湿度を下げ，病原菌の発生を防ぎ，適度に皮膚に当たることで身体によい影響をもたらし，省エネルギーにも資する点で住居には不可欠です．その一方で，作業面の光環境に不向きであったり，強い日差しは不快で家具などを傷めたりするので，適切な採光計画が必要となります．建築基準法では居室には採光上有効な窓の設置が必要とされています（表2・13）．

① 天空光

太陽光のうち，直射日光を除き，天空のあらゆる方向から地上に到達する光をいう．

② 全天空照度

天空光による屋外水平面照度（直射日光は含まない）をいう．

表2・13　建築基準法における採光に関する開口部の条件

居室の種類	有効採光面積/居室の床面積
・幼稚園，小学校，中学校，高等学校または中等教育学校の教室 ・保育所の保育室	$\frac{1}{5}$
・住宅の居室 ・病院または診療所の病室 ・児童福祉施設等の寝室	$\frac{1}{7}$
・大学等の教室 ・病院，診療所及び児童福祉施設等の娯楽・談話室	$\frac{1}{10}$

③　昼光率

全天空照度に対する室内の受照点における水平面照度の割合（天候の影響を受けない）（図2・82）.

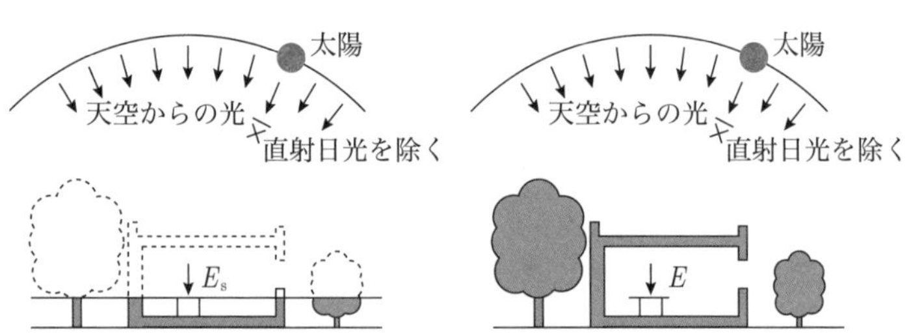

昼光率：$D=E/E_s\times100$[%], E_s：全天空照度, E：受照点照度

〔出典〕インテリア産業協会著『インテリアコーディネーターハンドブック技術編［改訂版］』，p.222，図8-55，インテリア産業協会，2003年

図2・82　昼光率

2.6 インテリアの設備

(i) 給水・給湯

(1) 給水

風呂，トイレ，炊事，洗濯などで，一般に人は一日200リットル弱の水を使用します．水道事業者は所定の水質基準に適合した水を供給しますが，各建物内では自ら水質汚染を防ぐ設備を設け，管理する必要があります．

飲料用配管とその他の配管が誤って接続されることを「クロスコネクション」といい，避ける必要があります．また，水栓の吐水口とシンクのあふれ縁との空間は「吐水口空間」といい，これが確保されていないとシンクの水が飲料用配管に逆流して，一種のクロスコネクションが生じることもあります（図2・83）．

受水槽の天井・底・周壁は，建物の躯体と兼用してはならず，六面点検が可能であることが法令で定められています．

戸建て住宅では一般に，道路地下の配水本管から直接給水されます．引込管の口径はかつて13 mmがよく用いられていましたが，現在は20 mmが主流で，二世帯住宅などの場合は25 mm以上も用いられます．引込管の口径が大きくなるほど水道の基本料金も高くなるので，適切な口径を選択します．中高層の建物では，屋上から10メートルほど高い位置に高置水槽を設置する場合や，ポンプで加圧して直接給水する場合などがあります（図2・84）．

一般家庭では，使用水量の約6割を風呂とトイレが占めるため，それらの節水の効果は大きいです（図2・85）．20～30年前の便器は，大洗浄1回あたり20リットルも使用していましたが，現在では4リットル以下のものが普及しています．水資源が貴重な国の多くがトイ

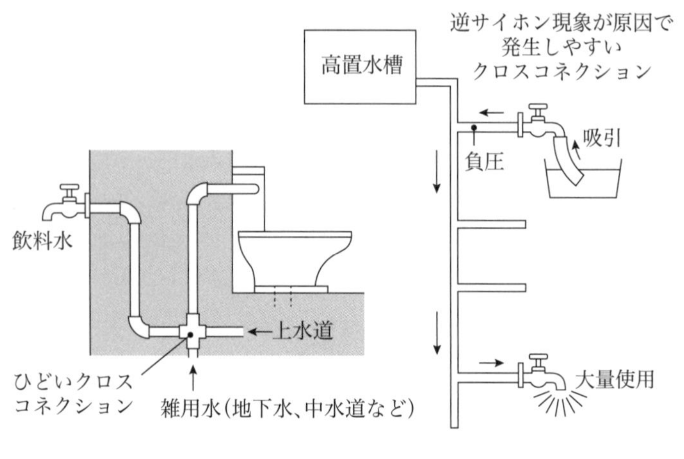

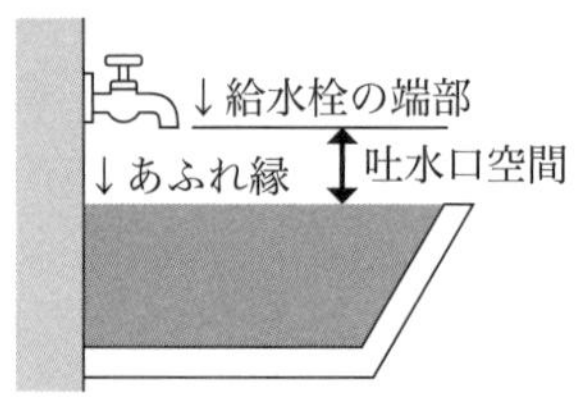

〔出典〕インテリア産業協会著『インテリアコーディネーターハンドブック技術編［改訂版］』, p.225, 図表9-2, インテリア産業協会, 2003年

図2・83　クロスコネクション

レの洗浄水量規制を定めていて，例えばオーストラリアでは洗浄1回あたり平均4リットル以下とされています．シャワーについても同様の規制があり，節水型のシャワーヘッドなどが一般化しています．節水型器具への交換は，水道料金や環境負荷の削減効果が大きいことが知られています．

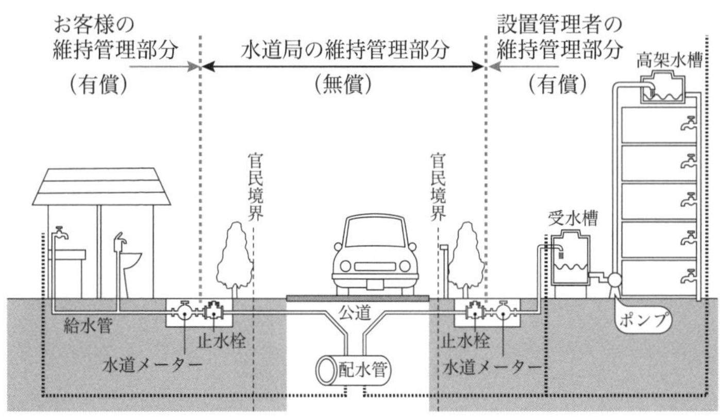

〔出典〕水俣市水道局ホームページ，「水道工事について」（一部改変）

図2・84　給水設備の管理区分

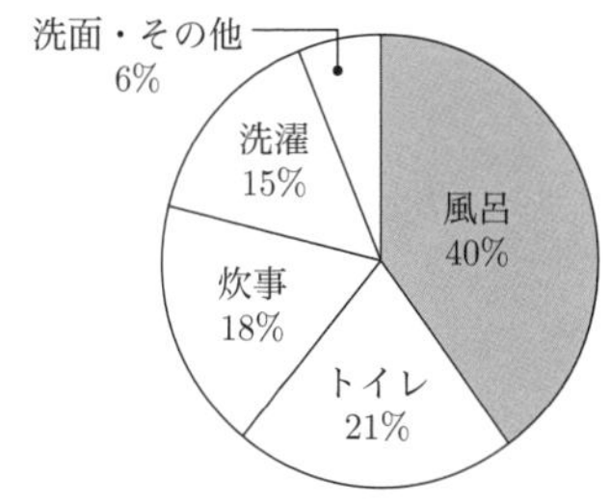

〔出典〕東京都水道局ホームページ，「くらしと水道」（平成27年度一般家庭水使用目的別実態調査）

図2・85　一般家庭の水使用量の内訳

(2)　給湯

入浴の習慣のある日本では，給湯で消費するエネルギーは世帯のエネルギー消費全体の4分の1を超えています（図2・86）．かつてはガス瞬間式給湯機器や電気貯湯式ボイラーなどがよく使用されていましたが，近年ではより省エネ性能の高い給湯器が一般化しています．自然冷媒ヒートポンプ給湯機（エコキュート）は，ヒートポンプを利用し，空気の熱を利用して湯を沸かします．夜間電力を利用

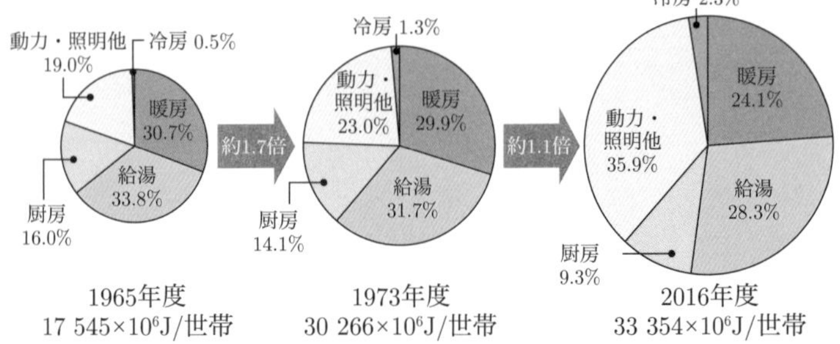

(注1)「総合エネルギー統計」では、1990年度以降、数値の算出方法が変更されている。
(注2) 構成比は端数処理（四捨五入）の関係で合計が100%とならないことがある。

〔資料〕日本エネルギー経済研究所「エネルギー・経済統計要覧」，資源エネルギー庁「総合エネルギー統計」，総務省「住民基本台帳」を基に作成
〔出典〕経済産業省 資源エネルギー庁ホームページ，「家庭部門のエネルギー消費の動向」

図2・86　世帯当たりのエネルギー消費原単位と用途別エネルギー消費の推移

するため経済的で，省エネルギー性が高く，普及が進んでいます．一方，機器が高価で大きい，停電時に使用できない，深夜の運転による近隣への騒音などの短所も知られています．ガスを用いる給湯器では，排熱を再利用するもの（潜熱(せんねつ)回収型ガス給湯器，エコジョーズ）や，ガスから水素を取り出して発電する燃料電池（家庭用燃料電池コージェネレーション付属補助熱源機，エネファーム）などがあります．

給湯設備の配管方式には，先分岐方式とヘッダー方式があります．先分岐方式は主管が枝分かれする形式で，死に水が多く，圧力バランスが崩れやすい欠点があり，ヘッダー方式はヘッダーと呼ばれる分岐管から樹脂管がタコ足状に伸びて各水栓に給湯する形式です．あらかじめ配置した「さや」に樹脂管を通す「さや管ヘッダー工法」は，漏水や結露を防ぎ，配管の交換を容易にする効果があるため一

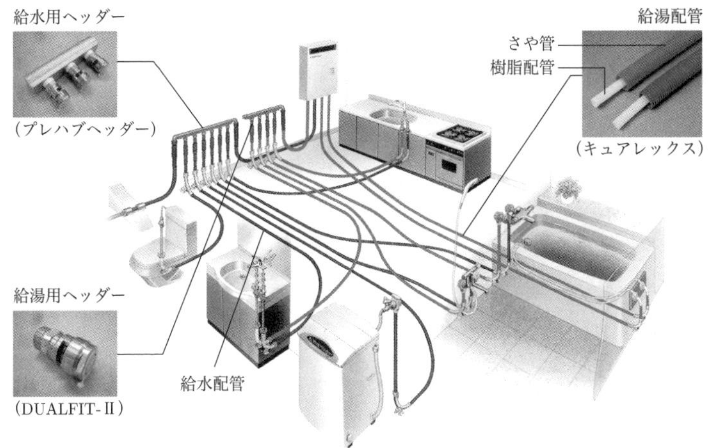

〔写真提供〕古河電気工業㈱，ヘッダー工法のイメージ配管図

図2・87　さや管ヘッダー工法による給湯給水

般化しています(図2・87).

(ii) 排水

(1) 排水の種類

①汚水：便器，汚物流しなどからの排水

②雑排水：厨房器具，洗面器，洗濯機，浴室などからの排水

③雨水排水：雨水，湧水など

④特殊排水：薬品，酸やアルカリ，有害物質を含む排水

汚水や雑排水は合流されて公共下水道や合併処理浄化槽に，雨水は側溝や河川に放流されます(図2・88)．汚水を処理する単独処理浄化槽の新設は，現在は禁止されています.

屋内の排水横管の排水勾配は，管径65 mm以下の場合は$\frac{1}{50}$以上，管径100 mm以下の場合は$\frac{1}{100}$以上とされています.

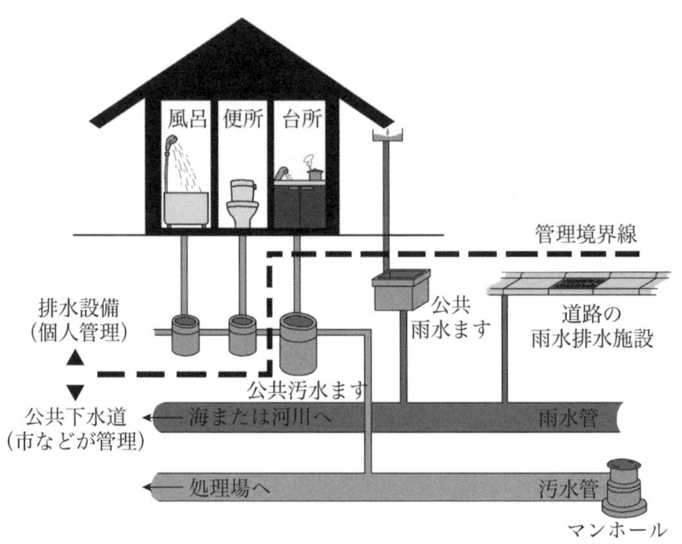

図2・88　分流式の排水設備

(2)　トラップ

トラップは，排水管，下水管などから臭気や微生物などが室内に侵入することを防ぐために設けられます．トラップに溜(た)める水，封水(ふうすい)の深さは50～100 mmが適当とされています．PトラップやSトラップはサイホン式，わんトラップやドラムトラップは非サイホン式に分類されます（図2・89）．

封水が失われることを破封(はふう)といいます．破封は，溜め水を一気に流したときに生じる自己サイホン現象，管内に付着した糸くずなどを伝って封水が漏れ出す毛管現象，封水の自然蒸発，排水管内の圧力変動で封水が吸い出されたり跳ね出したりすることなどにより発生します．

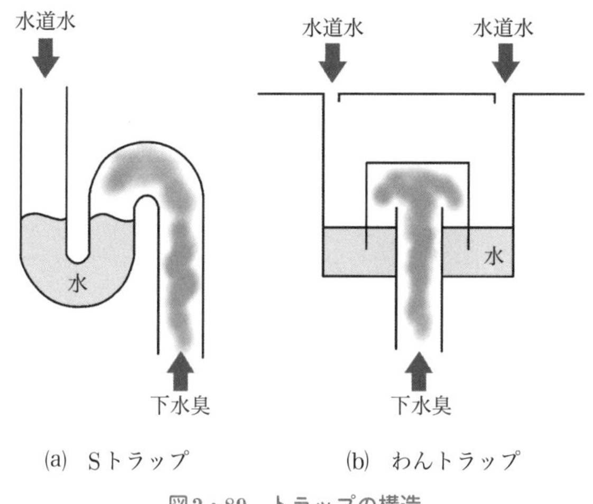

(a)　Sトラップ　　(b)　わんトラップ

図2・89　トラップの構造

問題のあるトラップとして，直列に2つのトラップを設ける二重トラップや，じゃばら管を曲げただけのトラップなどがあります．

営業用厨房のグリース（油脂），美容院などの毛髪，歯科や外科医院の石こうなどが排水に混入する場合は，阻集器（そしゅうき）を設けて分離収集することが定められています（図2・90）．

通気管は，排水管を大気に開放して管内の気圧変動を抑制することによりトラップの破封を防ぐために設けられます．戸建て住宅で排水管の落差が小さい場合は通気管を設けない場合もあるが，集合住宅などには設置が必要です．

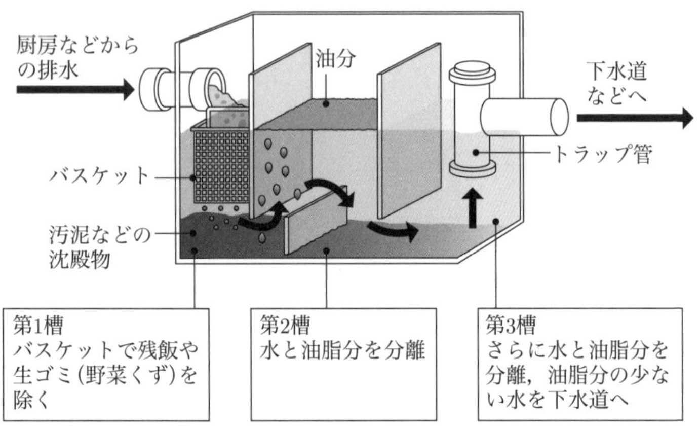

〔出典〕㈱グローバーホームページ，「知っておきたい！ グリストラップの構造」

図2・90 厨房などの排水に設けられる阻集器（油脂分離阻集器）

ⅲ 換気

(1) 自然換気

自然換気は，風や温度差で室内外に生じる圧力差による換気です．換気量は圧力差の平方根に比例します．圧力差は風速の二乗，温度差の平方根，給気口と排気口の高さの差の平方根に比例します．建築基準法では，給気口は天井高の$\frac{1}{2}$以下の高さに設け，排気口は給気口よりも高い位置に設けて，それらは常時開放されていることなどが定められています．

(2) 機械換気

機械換気は，図2・91のように3種類に分類されます．

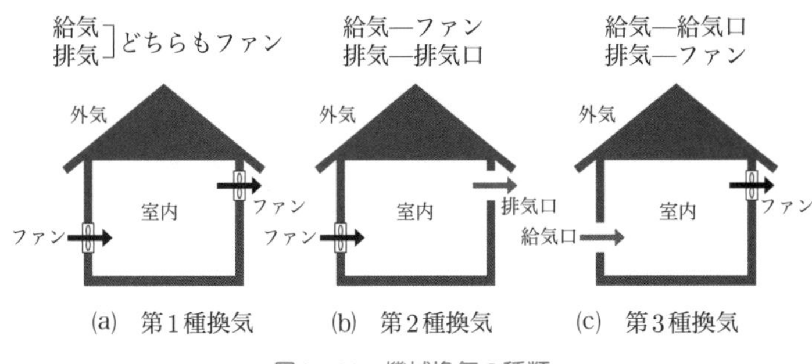

図2・91　機械換気の種類

(3)　送風機

送風機は，便所などの壁に設けられる軸流式のプロペラファンや，レンジフードなどに用いられる遠心式のターボファンやシロッコファンがあります．遠心式は大きな風圧（静圧）を得ることができます．全熱交換器は，換気によって失われる空調エネルギーの全熱（空気中の顕熱（けんねつ）：温度，潜熱（せんねつ）：湿度）を交換・回収する装置で，省エネルギーに役立ちます（図2・92）．

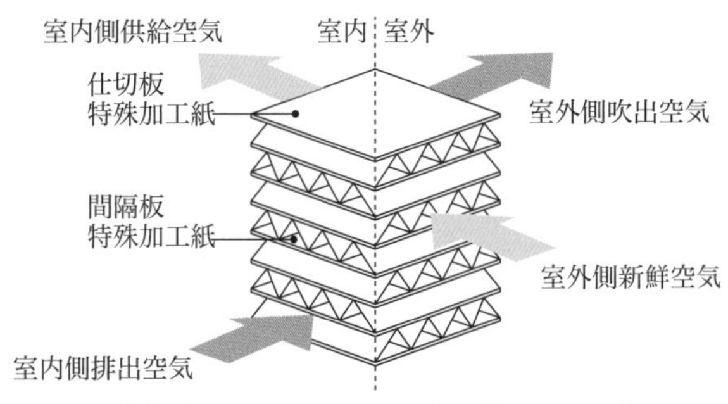

〔出典〕日本冷凍空調工業会ホームページ，「全熱交換器の熱回収の原理」

図2・92　全熱交換器の構造（静止形）

(iv) 空調

現在の住居では空調機を動作させて室内の空気環境を制御します．断熱性，気密性が高い住居は，夏季，冬期ともに快適性や省エネ性を高める効果があり，新築住宅では省エネ基準が制度化されています．

(1) 暖房

暖房には，温風暖房，温水暖房，放射（輻射）暖房があります．

温風暖房はヒートポンプエアコンが一般的です．FF（Forced Flue：強制給排気）式は燃焼ガスを室内に排気しない個別暖房方式であるが，近年は使用が減少しています．

温水暖房は，ボイラーなどでつくられた温水を暖房器具に供給するものです．

放射（輻射）暖房は，熱源から放射される熱線（赤外線）が直接人体を暖めるもので，床暖房やパネルヒーターがあります．床暖房は吹抜や一体的空間などで室容積が大きい場合でも生活域を効率的に暖めることができます．パネルヒーターの放熱器はコールドドラフト（窓周辺で冷えた空気が下降して足元にたまる現象）を防ぐよう，外壁側窓下に設置することが望ましいとされています（図2・93）．パネル

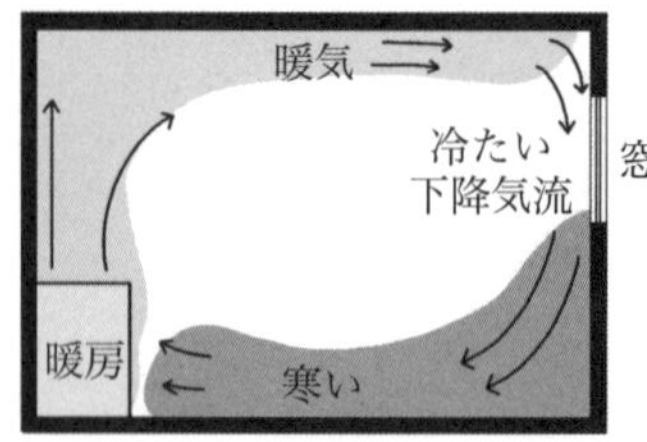

窓と反対側に暖房を置いた場合

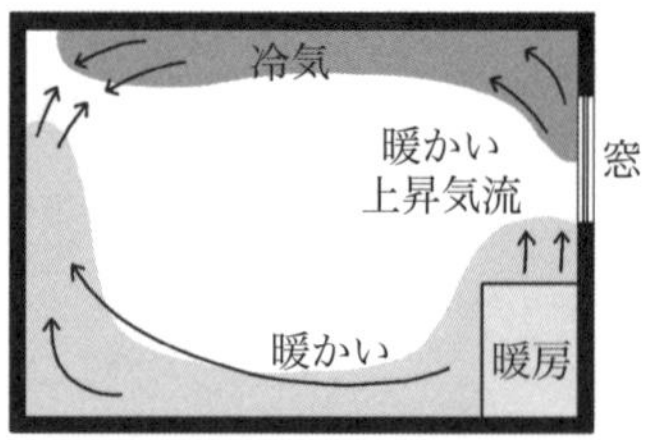

窓側に暖房を置いた場合

図2・93　コールドドラフトと放熱器の位置

ヒーターに冷水を通して冷房とすることも可能であるが，日本の夏季は高湿であるため結露への対策が必要となります．

⑵ ヒートポンプ

ヒートポンプは，冷媒（れいばい）（ガスなどの冷却材）が蒸発する際に周囲から熱を奪い（気化熱），気体から液体に凝縮する際に周囲に熱を放出する（凝縮熱）性質を利用する熱源機器です（図2・94）．電動ヒートポンプ（EHP）やガスヒートポンプ（GHP）があります．

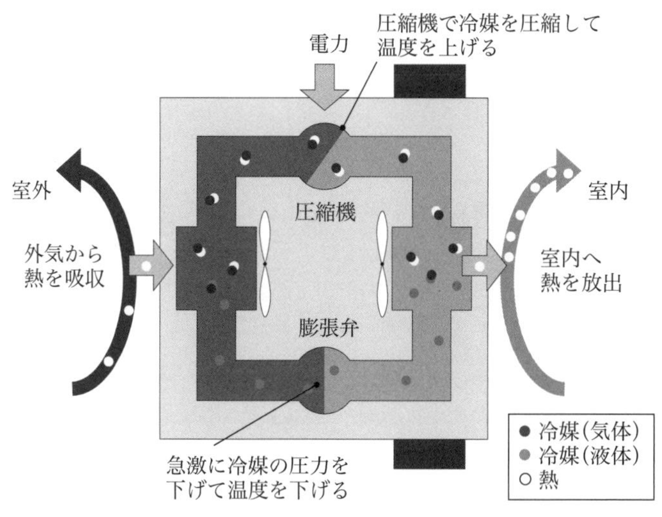

図2・94 ヒートポンプのしくみ

(3) 自然エネルギー利用システム

自然エネルギーは，再生可能エネルギーとも呼ばれ，その利用が推進されています．

パッシブソーラーシステムは，建物自体の構成により太陽熱を利用するものです（図2・95）．

アクティブソーラーシステムは，太陽熱温水器などの機器を用いるものです．

太陽光発電は，太陽エネルギーを電気に変換し，一般電力系統と連携して多目的に使用するものです．現状ではエネルギーの変換効

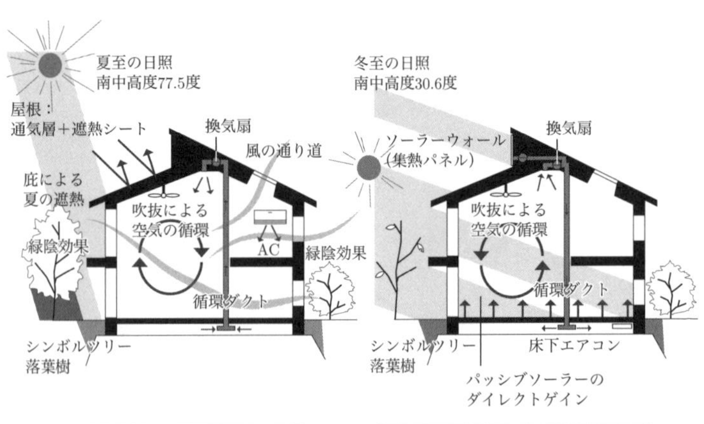

〔出典〕SUR都市建築事務所ホームページ，「地中熱利用床下空気循環システム」

図2・95 パッシブソーラーシステム

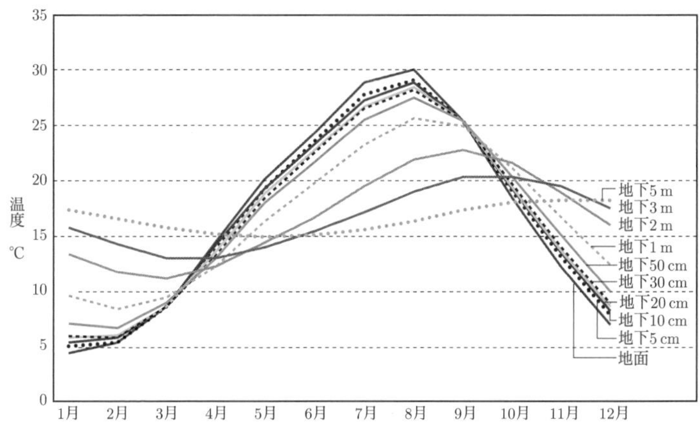

〔出典〕東京大学大学院農学生命科学研究科 溝口研究室ホームページ,「日本の地温データ」(「地中温度等に関する資料」(農業気象資料第3号, 1982年) 掲載の数値データを電子化したもの)

図2・96 地中温度の季節変動
(1931年～1968年の大阪の平均温度を算出しグラフ化)

率は太陽熱利用に劣るが,変換効率は年々向上しています.

地中熱利用は,図2・96のように例えば地下5メートルの地中熱は年間通して15℃～18℃程度であることから,これを冷暖房に利用するものです.

(v) 電気

(1) 供給方式

住宅の電気の供給方式には,単相2線式と単相3線式があります(図2・97).

(2) 受電方法

住宅の受電方法は,敷地内の引き込み柱までは架空引き込み,引き込み柱から建物までは地中引き込みとする,併用引き込みが一般

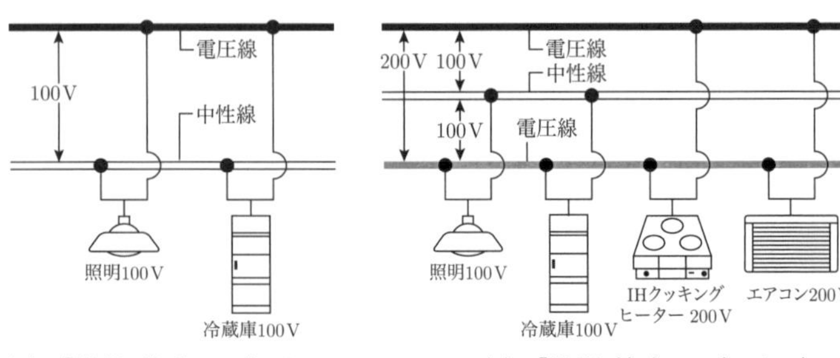

(a)「単相2線式100ボルト」の配線図　(b)「単相3線式100ボルト／200ボルト」の配線図

〔出典〕東京電力エナジーパートナー㈱ホームページ，「でんきガイド」

図2・97　単相2線式と単相3線式

的です．

戸建て住宅の分電盤には，契約容量に応じたサービスブレーカー，漏電遮断機，配線用遮断器が接続されています．規模の大きな建物では変電室を電力会社が借用し，配電盤が設置されます．

⑶　分岐回路

分岐回路は一般回路と専用回路に分類され，専用回路はエアコンや電子レンジなどの10A程度以上の大容量で，固定的に使用される機器に対して設けられます．例えばキッチンでは，電子レンジ，食器洗浄機（200 V），IH クッキングヒーター（200 V），オーブントースター，炊飯器などは専用回路とすることが望ましいです。

⑷　コンセント

コンセントは，一般に2畳あたり1箇所（2口以上）程度設置します．部屋の対角線上に分散させ，一般に洋室では床上25 cm，和室では床上15 cm，車椅子使用者用のものは床上40 cmに設置します．洗濯機などには接地極（アース）付きコンセントを設け，屋外には防滴(ぼうてき)

コンセントを設けます（図2・98）．1箇所のコンセントの電気の容量は口数に関わらず一般に15 A（15 A × 100 V = 1 500 W）です．

(a) 接地極（アース）付きコンセント

(b) 防滴コンセント

図 2・98 コンセント

(5) スイッチ

スイッチは一般に，部屋の内側で，ドアの取っ手側に設けます．人が滞在しない納戸や，水に濡れる浴室などでは，部屋の外側に設けます．ある照明の点灯・消灯を複数の場所で行いたい階段や廊下などには三路スイッチや四路スイッチを用います（図2・99）．人感セ

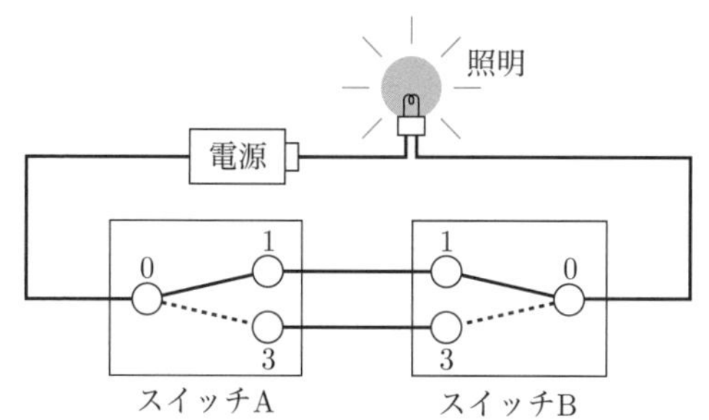

（スイッチA, Bともスイッチの左側が押されて「0と1」が接続し，電気が流れる）

図2・99 三路スイッチ

ンサーやタイマーにより自律的に動作するスイッチもあります.

(6)　配線

屋内の配線は，木造建物では平形のビニル絶縁ビニルシースケーブル（VVF，Fケーブル）が用いられることが一般的です．RC造の建物では電線管に600 Vビニル絶縁電線（IV）が通されます.

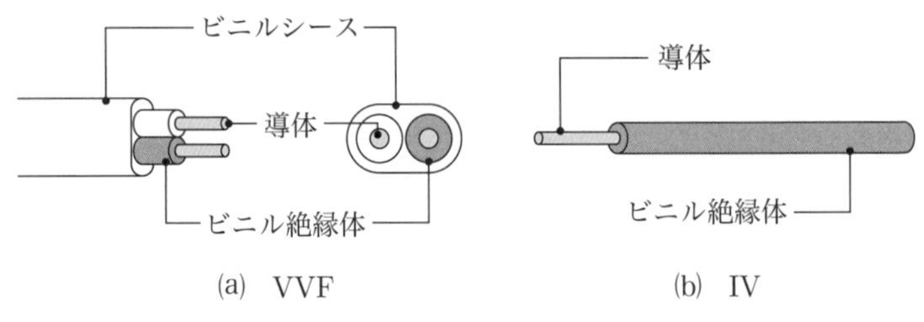

(a)　VVF　　(b)　IV

図2・100　屋内の配線に使われるケーブル

(vi)　照明

(1)　白熱電球

白熱電球は，ガラス球内にフィラメントや放電素子を内蔵した電気光源の一種で，住宅の照明に広く使用されてきました（図2・101）．暖かみのある光は演色性が高く，調光も可能で，様々な場面に用いられます．安定器などの複雑な点灯回路が不要で，100 V電源を供給するだけで点灯し，ランプ本体も安価なため導入が容易です．一方，ランプ効率は15 lm/W程度しかなく，消費電力やCO_2発生量が大きい欠点があります．寿命も短く，100Vの電球で1 000時間程度しかもちません．シリカ電球やクリア電球など，LEDで同等の光を再現できる場合は置換が進んでおり，既に一部のメーカーは白熱電球の生産を中止しています.

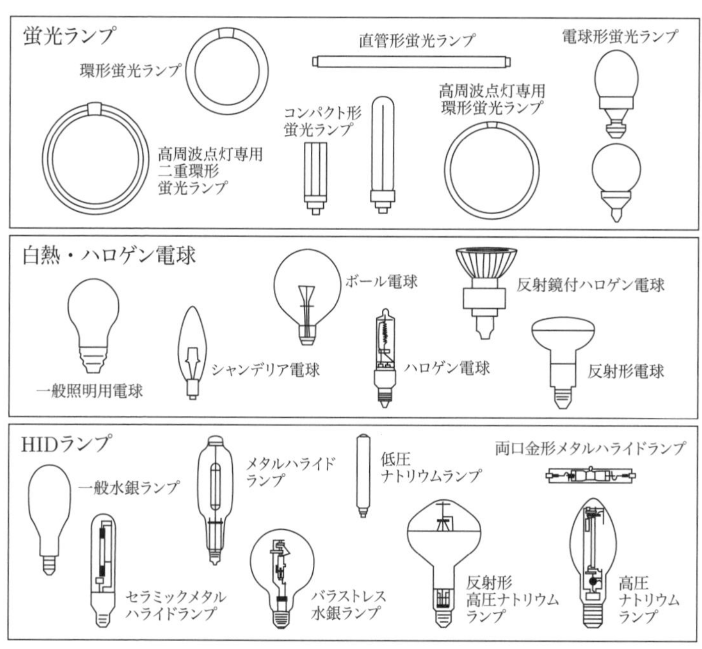

図2・101 電球や蛍光管の種類

(2) 蛍光ランプ

蛍光ランプは，放電で発生する紫外線が蛍光物質に当たって生じる可視光線により発光します．ランプの内部に塗布された蛍光物質の種類により，電球色や温白色，昼白色，昼光色など，異なる色温度で発光します．寿命は10 000～12 000時間と比較的長く，直管形，コンパクト形，電球形など様々な形状のものがあります．点灯には安定器が必要で，スターター方式，ラピッドスタート方式，高周波点灯方式（Hf型，インバーター蛍光灯）に分類されます．Hf型はインバーターの内蔵により高効率化したもので業務用として広く普及しています．

(3) HIDランプ

HIDランプは，高輝度放電灯（High Intensity Discharge lamp）の略称で，メタルハライドランプ，高圧ナトリウムランプ，水銀灯などの総称です．大光束，長寿命であるため，工場のような大空間で経済的な照明設計が可能です．HIDランプの発光原理は蛍光灯とほぼ同様ですが，点灯時間は数分～数十分と長く，一度消灯すると再度点灯させるまでに点灯に要した以上の時間が必要となるため，停電時の非常灯には適しません．

(4) LED

LEDは，Light Emitting Diode（発光ダイオード）の略称で，長寿命，高輝度の光源で，家電の表示ランプ，信号機，液晶バックライトなどにも用いられています．蛍光灯電球は点灯直後，70％程度の発光であるのに対し，LEDは点灯と同時に100％の発光が得られます．また蛍光灯は点灯・消灯により寿命が約1時間ずつ短くなる特性があるが，LEDは頻繁に点灯・消灯しても寿命に影響しません．LEDは寿命が約40 000時間と長く，白熱電球の40倍，蛍光灯の4～5倍にあたります．高所など交換が面倒な箇所に設置しても維持管理費を抑えることができます．LED照明は輝度が高いため，信号機などの光源を直視する用途に適するが，ダウンライトやスポットライトなどのベース照明の経済性は，現状では蛍光灯やHIDランプよりも劣ります．

(5) 有機EL

有機EL照明は，基本的な発光原理はLEDと同じで，面光源で低輝度の拡散光が発光し，薄い形状が可能で放熱しやすいという特徴があります．次世代照明として期待されているが，普及には発光効率や寿命，製造コストなどの課題を解決する必要があるとされています．

(6) 照明器具

家庭用の照明器具には，天井埋め込み（ダウンライト），天井直付け（シーリングライト），天井吊り下げ（ペンダント），壁直付け（ブラケット），置き型（スタンド）などがあります（図2・102）．建築化照明は，壁や天井などを利用して光源を隠した照明で，コーブ照明，コーニス照明，バランス照明などがあります（図2・103）．

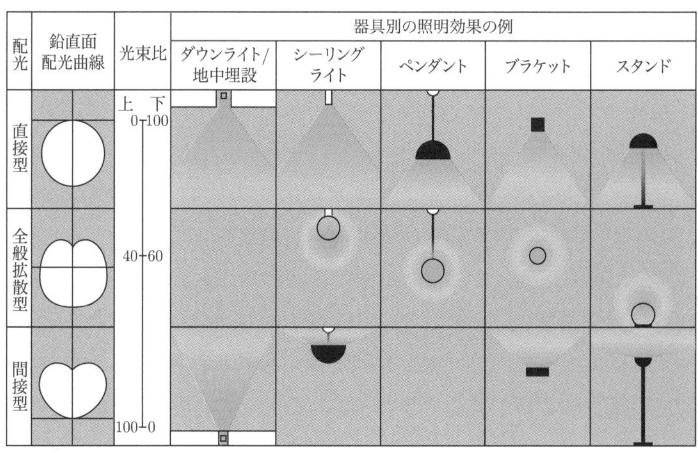

〔出典〕中島龍興・福多佳子著『図解入門　よくわかる最新LED照明の基本と仕組み［第2版］』，p.125，図4-2-2，秀和システム，2012年（抜粋）

図2・102　おもな配光の種類と照明器具

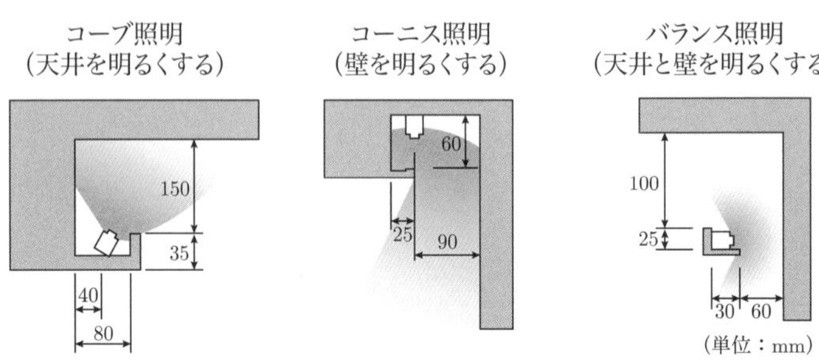

注)参考図．設置寸法はLED器具の大きさや配光に合わせて検討が必要．

〔出典〕中島龍興・福多佳子著『図解入門　よくわかる最新LED照明の基本と仕組み［第2版］』，p.173，図4-16-1，秀和システム，2012年

図2・103　建築化照明

(vii) 防災・昇降機

(1) 住宅用火災警報器

寝室や階段には住宅用火災警報器の設置が義務づけられています（図2・104）．条例により台所や居室への設置が必要な場合もあります．寝室や階段には一般に煙感知式が用いられ，台所は煙や水蒸気による誤報を防ぐために熱感知式が用いられることが多いが，熱感知式は周囲の温度が高まるまで反応しないので，煙感知式より火災の警報が遅れがちになります．住宅用火災警報器の取り付け位置に関しては空調機や壁，天井，梁（はり）からの離隔距離などが定められています．

2階建ての場合

●寝室が1階のみ
寝室(1階)に必要

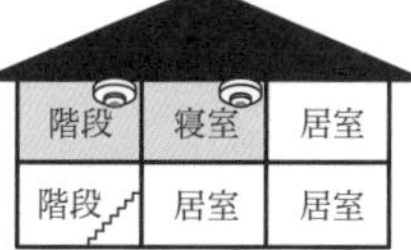

●寝室が2階のみ
寝室(2階)と寝室がある階(2階)の階段上部に必要

●寝室が1階、2階
寝室(1階及び2階)と寝室がある階(2階)の階段上部に必要

3階建ての場合

●寝室が1階のみ
寝室(1階)と3階の階段上部に必要

●寝室が2階のみ
寝室(2階)と寝室のある階の階段(2階)の階段上部に必要

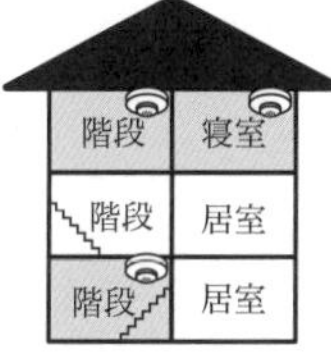

●寝室が3階のみ
寝室(3階)と寝室のある階の階段(3階)及び1階の階段上部に必要

〔出典〕消防庁ホームページ,「住宅用火災警報器Q&A」

図2・104　住宅用火災警報器の設置位置

(2)　ホームエレベーター

ホームエレベーターは，4階以下の住宅専用のエレベーターです．昇降行程は10 m以下，昇降速度は30 m/分以下，積載量は200 kg以下，昇降機床面積は1.1 m^2以下と定められており，設置にあたっては確認申請や定期検査が必要となります．

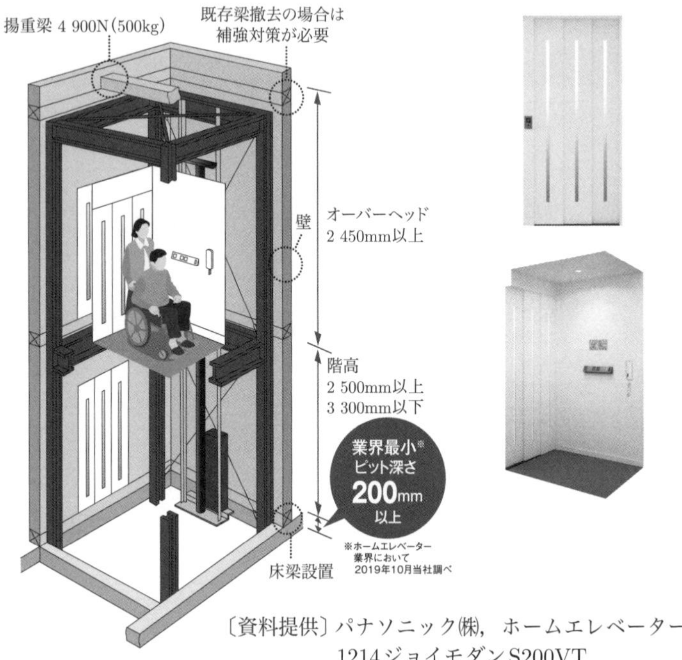

〔資料提供〕パナソニック㈱，ホームエレベーター
1214ジョイモダンS200VT

図 2・105　ホームエレベーター

3 建築のインテリアの応用

3.1　インテリアの安全

(i)　不慮の事故

(1)　墜落

墜落は，窓やバルコニー，吹き抜けなどで発生するため，手すりなどを適切に設けて防ぎます．手すりの高さは，成人の重心より高い1 100 mm以上，手すり子（手すりを支えている細い支柱）の間隔は，幼児の頭が入らない110 mm以下とし，子供がよじ登りやすい横桟（よこざん）（建具に横方向に組まれている桟）などは避けます（図3・1）．

(2)　転落

転落は，階段やスロープなどで発生します．建築基準法では階段の蹴上（けあ）げ寸法230 mm以下，踏面（ふみづら）は150 mm以上と定められていますが，一般的には蹴上げ190 mm以下，踏面230 mm以上程度とします（図3・2）．踏面の端部（段鼻）に滑り止めのノンスリップを設け，滑りにくい材料や表面加工とし，蹴込（けこ）み寸法は30 mm以下とし蹴込み板を設けます．階段の途中で踏面や蹴上げや幅などが変化しないようにします．手すりは一般的に800～900 mmの高さ，高齢者の場合はそれより100 mmほど低めに設けます（図3・3）．

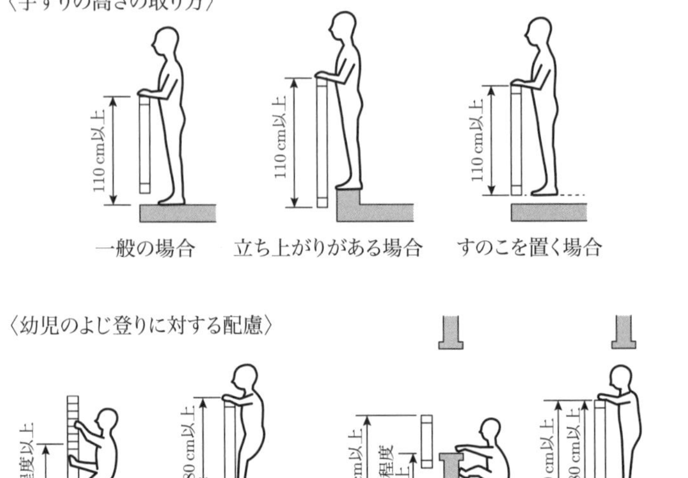

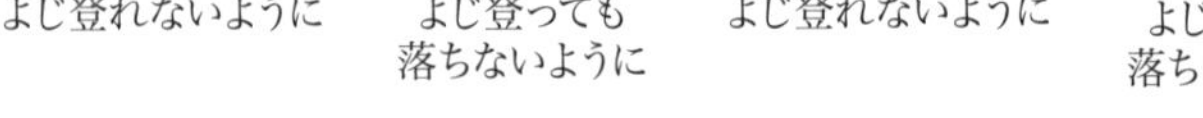

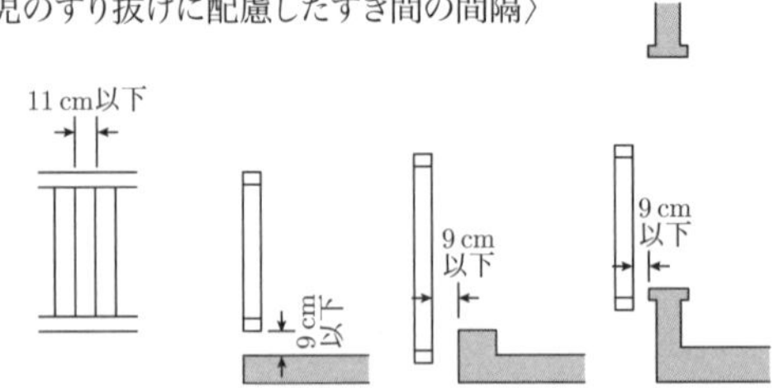

〔出典〕日本建築学会編『建築人間工学事典』，p.157，図2～図5，彰国社，1999年

図3・1　手すりの高さ，手すり子の間隔

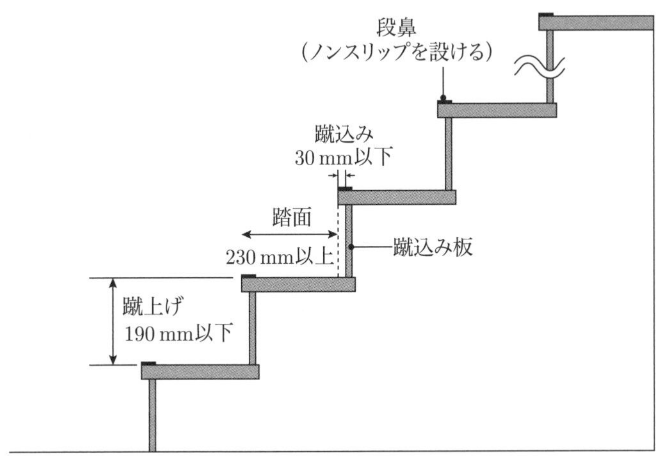

図3・2　階段の各部の名称と寸法

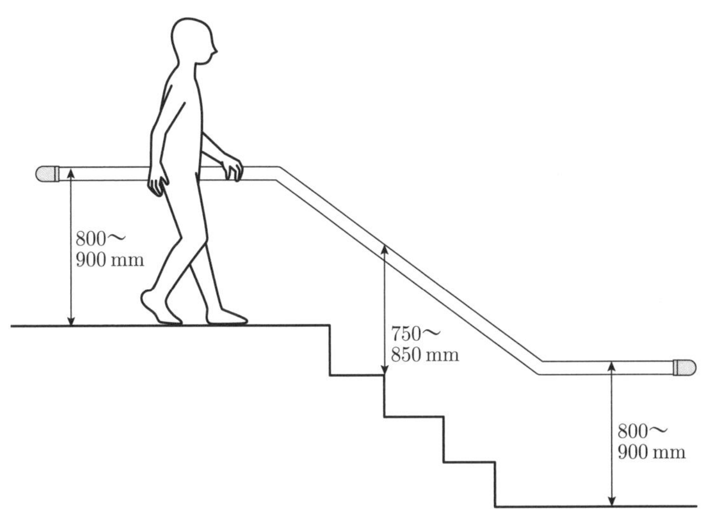

図3・3　階段の手すりの高さ

(3) 転倒

転倒は，床の段差や滑りやすい素材により発生しやすくなります．高齢者に配慮した高低差の少ない床の高低差範囲は，設計で3 mm以内，施工で5 mm以内とします．玄関扉の沓(くつ)ずりと玄関外側のポーチの床との段差は20 mm以内，内側の玄関土間との段差は5 mm以内，玄関土間と上(のぼ)り框(かまち)との高低差は180 mm以内とすることが望ましいとされています（図3・4）．浴室，脱衣室，洗面所，トイレ，台所の床は，水に濡れた状態でも滑りにくい仕上材とします．玄関に通じる屋外通路は，勾配が$\frac{1}{8}$以下の傾斜路とします．

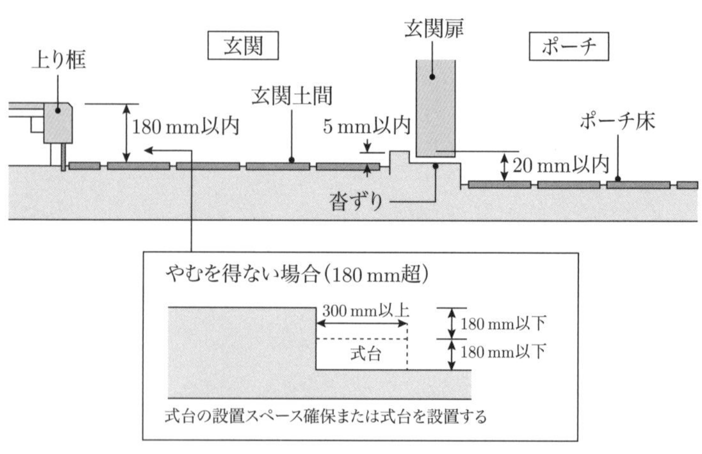

図3・4 玄関まわりの段差

(4) 子供の事故

子供にとっては，家庭内のあらゆる場所，設備，ものが事故の原因となります（図3・5，図3・6）．必ずしもインテリアの計画で防げるものばかりではありませんが，様々な事故を想定した防止策が求められます．

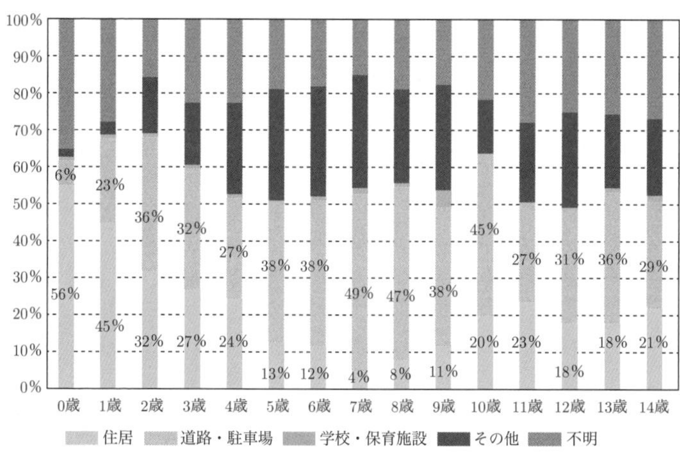

(a) 年齢別の事故発生場所

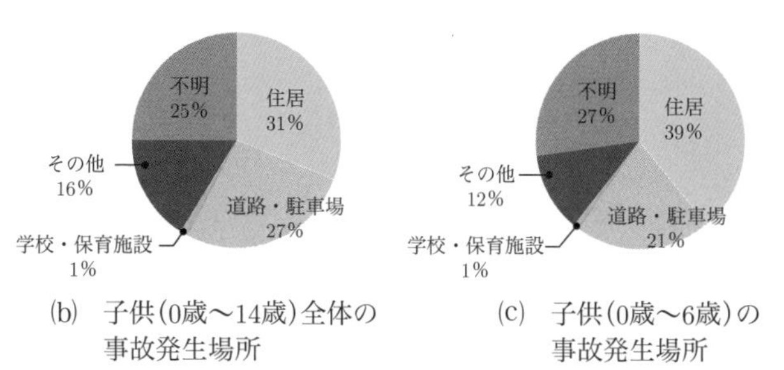

(b) 子供(0歳～14歳)全体の事故発生場所

(c) 子供(0歳～6歳)の事故発生場所

〔出典〕消費者庁ホームページ，平成28年11月2日「第2回子供の事故防止関係府省庁連絡会議」資料（消費者庁消費者安全課）

図 3・5 子供の事故防止関連
「人口動態調査」調査票分析～事故の発生傾向について～

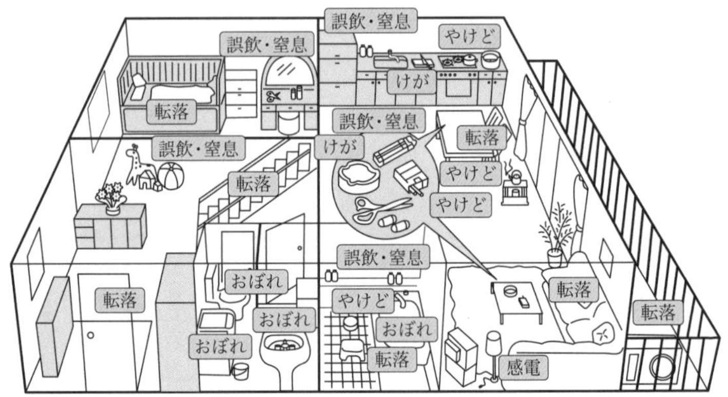

〔イラスト提供〕愛知県津島市ホームページ,「つしまで子育て情報ネットつしまっち」

図3・6　家庭内の子供の事故

(ii)　高齢者・バリアフリー

人は加齢により身体機能や認知機能が低下することが知られています．各知覚の変化とインテリア計画で配慮すべき主な点を次に挙げます（図3・7）．

(1)　視覚

視野が狭くなったり，明るさを感知しにくくなったり，色覚が低下したりします．階段は，段の端部が判別しにくくなるので，段鼻（だんばな）（段板の踏面の先端部分）を強調します．若い人の2～3倍の明るさが必要で，特に夜間の便所への通路に足元灯などの設置が求められます．

(2)　聴覚

小さい音や高い音が聞きづらくなります．玄関ドアの呼び鈴，電話の呼び出し音，ガス漏れの警報，風呂の湯張り完了音などは点滅ランプなどと同期させて視覚にも訴えることが求められます．

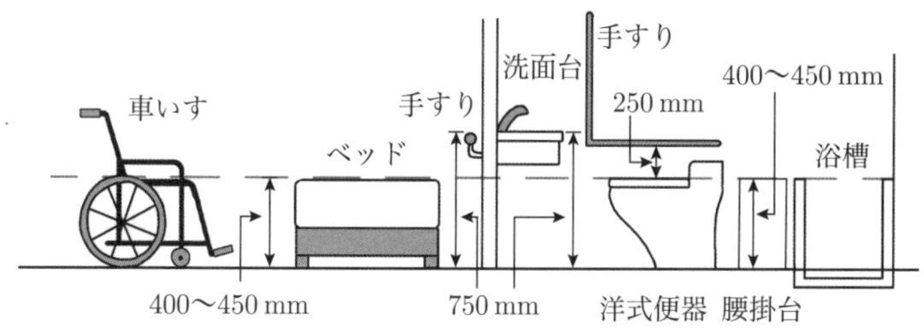

図3・7 車椅子使用者のインテリアの各部の高さ

(3) 触覚

握力や皮膚感覚が低下します．ドアの取っ手はノブよりもレバーハンドル，水栓金物も回転ハンドルよりもレバーハンドルが操作しやすくなります．スイッチは，「入」「切」がランプや音で確認でき，大きな形状のものが望ましいです．

(4) 身体能力

筋力や関節機能，温度調節機能の低下などが生じます．各部の段差を解消すること，手すりを設置すること，浴室や洗面所などに補助暖房を設置することが求められます．

(iii) 性能

(1) 住宅性能表示制度

住宅性能表示制度は，2000年に施行された「住宅の品質確保の促進等に関する法律」の制度の一つで，住宅の性能を表示する共通ルールを定めたものです．第三者機関が住宅の性能を評価して評価結果の信頼性を確保します．本制度の利用は任意です．新築住宅では10分野35項目についての性能表示基準があります（表3・1，図3・8）．

表3・1　新築住宅の住宅性能表示項目の内容と等級

表示項目	表示内容	等級				
構造の安定	耐震等級／構造躯体の倒壊等防止	1	2	3		
	耐震等級／構造躯体の損傷防止	1	2	3		
	耐風等級／構造躯体の倒壊等防止及び損傷防止	1	2			
	地盤又は杭の許容支持力等及びその設定方法	表示				
	基礎の構造方法及び形式等	表示				
火災時の安全	感知警報装置設置等級（自住戸火災時）	1	2	3	4	
	耐火等級（延焼のおそれのある部分／開口部）	1	2	3		
	耐火等級（延焼のおそれのある部分／開口部以外）	1	2	3	4	
劣化の軽減	劣化対策等級（構造躯体等）	1	2	3		
維持管理・更新への配慮	維持管理対策等級（配管）	1	2	3		
温熱環境・エネルギー消費量	一次エネルギー消費量等級	1			4	5
空気環境	ホルムアルデヒド対策（内装及び天井裏等）	表示				
	ホルムアルデヒド発散等級	1	2	3		
	居室の換気対策	機械換気設備，その他				
	局所換気対策	台所，浴室，トイレ換気（機械換気設備，換気のできる窓，なし）				
光・視環境	単純開口率	表示				
	方位別開口比	表示				
音環境	透過損失等級（外壁開口部）	1	2	3		
高齢者等への配慮	高齢者等配慮対策等級（専用部分）	1	2	3	4	5
防犯に関すること	開口部の侵入防止対策	表示				

〔出典〕国土交通省ホームページ，「日本住宅性能表示基準」（抜粋）
（平成13年8月14日国土交通省告示第1346号
最終改正令和元年6月28日消費者庁・国土交通省告示第1号）

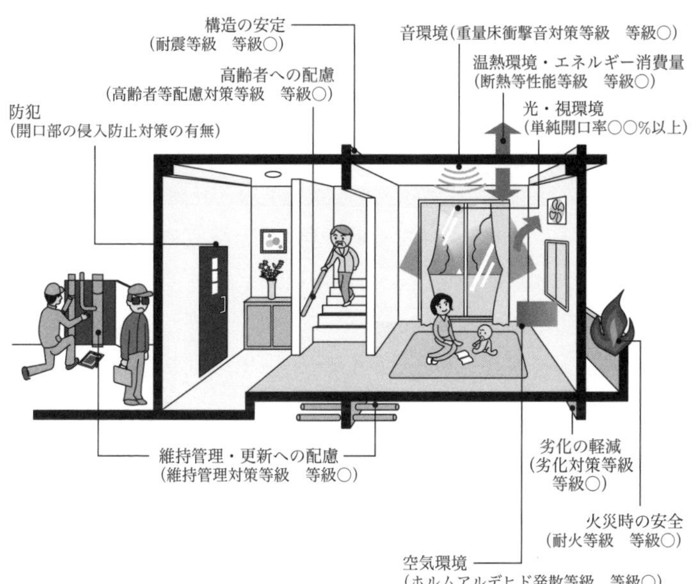

〔イラスト提供〕住宅性能評価・表示協会

図3・8　住宅性能表示制度の概要

(2)　建物の環境性能評価

性能は必ずしも高いほど良いというわけでなく，目的や用途に応じて適切な水準を満たし，過剰品質や高コストを避けたバランスの良い計画が求められます．以下二つが主な環境性能評価システムです。

① CASBEE：Comprehensive Assessment System for Built Environment Efficiency

2001年に国土交通省が主導して(財)建築環境・省エネルギー機構によって開発された，建築物の環境性能評価システム．

②LEED：Leadership in Energy & Environmental Design

非営利団体の米国グリーンビルディング協会（USGBC）が開発・運用している，環境に配慮した建物に与えられる認証システム．

3.2 インテリアの計画

ここではインテリアの中でも最も身近な，住宅の居間・食堂・台所（LDK）の計画について，いくつか紹介します．

(i) 水回りの計画

台所，洗面洗濯室，浴室，トイレといった水回りの空間や設備に対する居住者の関心は，インテリア全体の中でも最も高く，これらの計画の良し悪しは家事の効率や生活の質に大きな影響を与えるとされています（図3・9）．

(1) 台所・厨房

① 生活の中心になった台所

台所は平安時代の台盤所（だいばんどころ）に由来し，調理や配膳のための場所を意味しました．一方，英語のキッチンの語源は，ラテン語の「火を使うところ」を意味するco・quinaに由来するとされます．

かまどや流しの熱や煙，におい，水分，油分，細菌などが生活空間に影響を与えないように区分する考えから，台所は一般に住居北側の奥まった場所に設けられる傾向がありました．今では電気，水道，ガスが供給され，コンロや換気扇，シンク，冷蔵庫など設備の性能が向上したため，かつてのような制約にとらわれずに台所を配置することが可能になりました．

都市部では住宅が狭隘（きょうあい）化し，LDK（リビング・ダイニング・キッチン）として一体的空間となる場合が多く，台所は生活の中心となっています．夫婦共働きや子供の習い事などで家族が顔を合わす機会

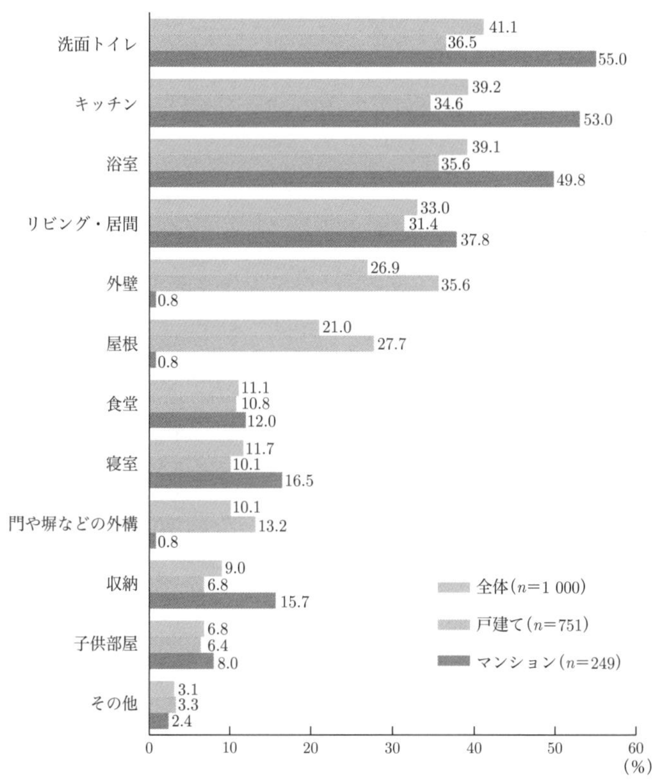

〔出典〕住宅リフォーム推進協議会ホームページ，「住宅リフォーム潜在需要者の意識と行動に関する調査 第11回調査報告書，第3章 住宅リフォームの動機と場所」(平成31年2月)

図3・9　リフォーム検討中の場所

が減った結果，調理や食事が限られた団らんの時間になっているともいえます．一方で，調理やその他家事にかける時間も限られるため，できるだけ効率性を向上させる，時短という言葉がキーワードになっています．

かつてのような大家族の，料理をつくることに特化された奥の作業場ではなく，核家族や少人数が協力して，手軽に，楽しく調理や食事，喫茶，団らんなどを行う場としての一体的LDKが人気のようです．

②　キッチンカウンターの配置

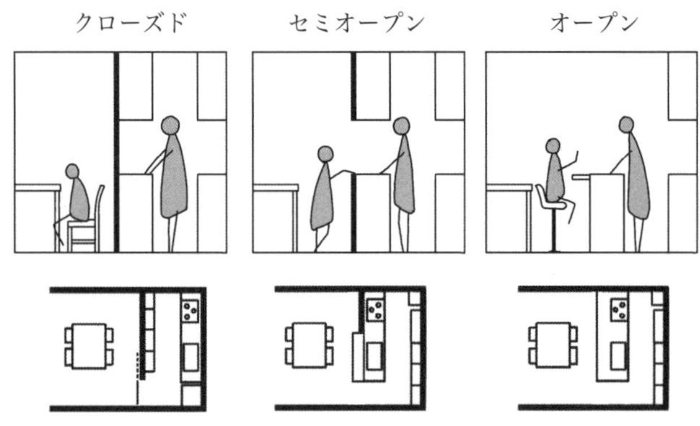

	クローズド	オープン
長所	●台所が独立しているので，においや視線が気にならない ●壁面が多く，収納が多く取れる	●開放的で，誰もが料理や片付けに参加しやすい ●食卓が近く，配膳・下膳しやすい．キッチンで食事も可
短所	●台所が裏方となり，食堂や居間から孤立する ●食卓までの動線が長くなり，配膳・下膳が面倒	●料理のにおいや煙が漏れやすい ●表出しているので，常にきれいに保つ必要がある

図3・10　キッチンカウンターの各形式の概要

③ 台所作業の必要寸法とキッチンのレイアウト

冷蔵庫，シンク，調理台，コンロ，配膳台などは所定の寸法が必要で，作業しやすく，順序よく配置することが求められます．

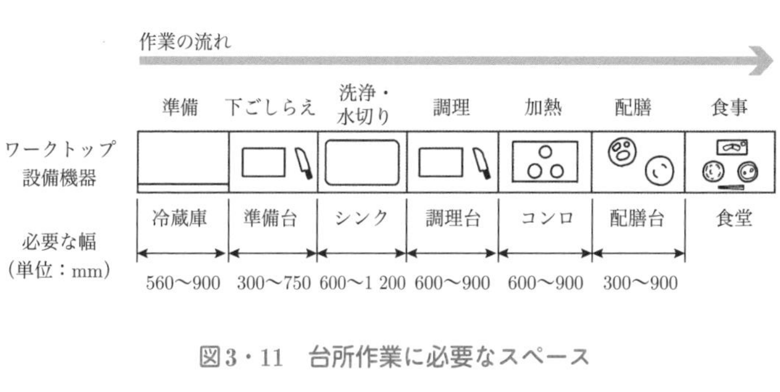

図3・11 台所作業に必要なスペース

I型

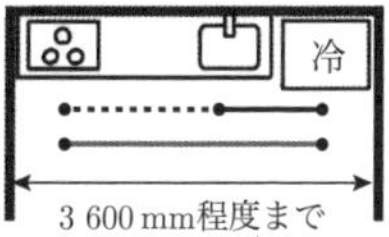

冷

3 600 mm程度まで

●作業動線が長くならないように冷蔵庫を含め3 600 mm程度までにする．

L型

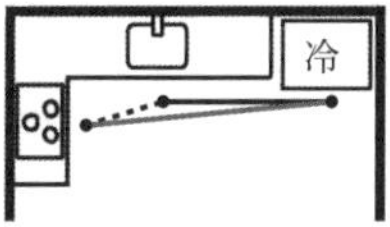

冷

●複数人での作業も可．

●I型より作業動線が短く作業しやすい．

●コーナー部分はデッドスペースになりやすいので，工夫が必要．

アイランド型

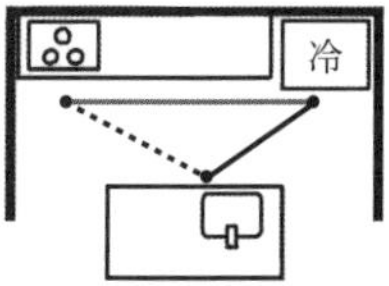

冷

●大人数での作業が無理なく楽しめ，料理教室やホームパーティーにも最適．

●作業スペース・通路を確保するのに広いスペースが必要．

●加熱調理機器をアイランド部に設けるときは換気フードが必要．

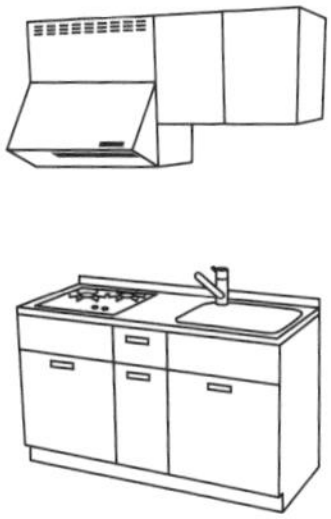

コンパクトキッチン

●狭いキッチンにもI型でコンパクトに納まる．

●集合住宅や戸建て二世帯住宅などのセカンドキッチン，リフォーム等に適している．

図3・12 キッチンのレイアウト

④　設備機器

台所には，水，湯，排水，ガスの配管，換気扇のダクト，電気配線などが必要になります．冷蔵庫，炊飯器，電子レンジ，トースター，電気ポットなどは，一定の体積があり，日常的に使用するので，使い勝手を考えた配置が求められます．中でも炊飯器や電子レンジ，電気ポット，トースターなどはそれぞれ1 000～1 500 W程度の電力を必要とするので，回路の容量を考慮してコンセントを配置します（表3・2）．

ガスコンロではなく，炎の出ないIHクッキングヒーターのみを使用する場合は内装制限を受けないので，オープン形式の台所では内装材の自由度が増します．ガスコンロからIHに交換する場合は，分電盤のアンペアブレーカーの容量が50A未満ならアンペアブレーカーの交換が必要になります．

表3・2　台所の電気製品の消費電力

（一般のコンセント1回路の容量は15 A（15 A×100 V=1 500 W））

電気製品	一般的な消費電力
IHクッキングヒーター	1 400～3 000W（200V専用回路）
トースター	1 000～1 400W
食器洗浄機	1 100～1 300W
電子レンジ	1 000～1 500W
コーヒーメーカー	600～1 500W
電気ポット	900～1 300W
ホットプレート	1 100～1 300W

⑤　システムキッチン

システムキッチンは多様な機能を持つ製品が数々のメーカーから販売されていて，効率性や意匠性，経済性などが追求されています．

日本のシステムキッチンはもともと昭和40年代にドイツから輸入され，日本の生活に合わせて姿を変えながら普及していきました．システムキッチンの本来の概念は，モジュラーシステムに基づいたオープンシステムなキッチンで，どのメーカーの機器や什器（棚や引き出しなど）でも相互に交換が可能となるものでした．

けれども今の日本のシステムキッチンは，基本的に自社ブランド以外の他社製品を使えないクローズドシステムとなっています．また，1985年にISOがキャビネット幅，高さを100 mmモジュールに改正したのを受け，日本では1992年にJIS A 0017により原則100 mmモジュールとなりましたが，多くは150 mmモジュールのままとなっています（図3・13）．

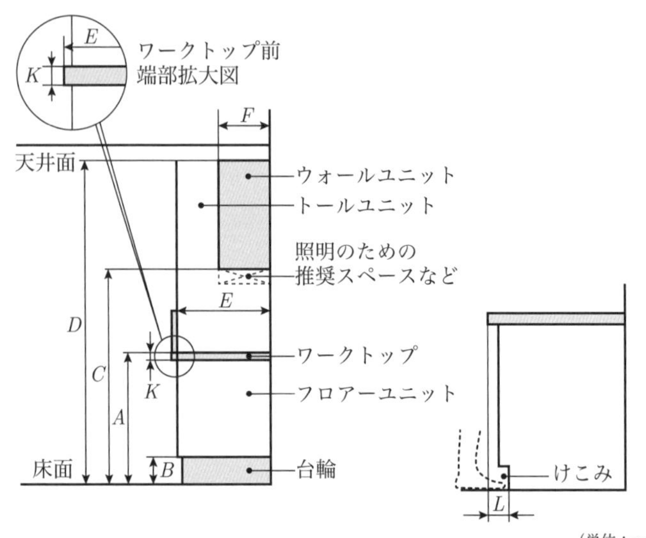

（単位：mm）

記号	名称	寸法
A	ワークトップの高さ	800，850，900，950
B	台輪の高さ	50，100，150，200， ただし，優先寸法は *A*-750とする
C	床からウォールユニットの下端までの高さ（呼び寸法）	50×*n*，ただし，最小寸法は1 300とする
D	ウォールユニット及びトールユニットの上端までの高さ（呼び寸法）	50 × *n*，1 900以上が望ましい
E	ワークトップ，フロアーユニット及びトールユニットの奥行き（呼び寸法）	600，650
F	ウォールユニットの奥行き（呼び寸法）	400以下
J	ユニットの幅（呼び寸法）	100 × *n* または150 × *n*
K	ワークトップの厚さ	40以下
L	けこみの奥行き	50以上

n は正の整数とする

〔出典〕JIS A 0017：2018　図1，表1

図3・13　キッチンの設備の名称と規格寸法

⑥ 造作(ぞうさく)工事のキッチン

造作工事（材料からつくったり，組み立てる工事）でキッチンを製作する場合は，ワークトップや扉，取っ手などの材料を選定し，自由にデザインすることができます（表3・3）．例えばワークトップにはステンレス，樹脂，石，木，コンクリートなどを，キャビネット類も周囲の内装と調和させてつくることができます．水栓やコンロ，食器洗浄機，レンジフードなどもカウンタートップやキャビネット類に合わせて組み込みます．既製品のような至れり尽くせりの機能はなくても，必要十分な機能でインテリアに調和したキッチンをつくることができます．

表3・3　カウンタートップの材料

材質	特徴
ステンレス	耐水性，耐熱性，耐汚染性，耐久性に優れる
人造大理石	耐水性，耐熱性（200℃程度）に優れる．ポリエステル樹脂系とアクリル樹脂系のものがある
天然石	花崗岩は耐水性，耐熱性に優れる．大理石は美しいが，耐水性，耐薬品性に欠ける
集成材	樹種により特徴が異なり，表面塗装もあわせて考慮する
メラミン化粧板	耐水性や耐摩耗性に優れる．化粧紙の色や模様の種類が多い
無垢(むく)板	ヒノキやナラの板材を用いるが，割れや反りなどが生じやすい
コンクリート	コンクリート打ち放しやモルタル系の塗料で下地を上塗りするものがある

⑦ 特徴的な事例

ⓐ時短型・高効率キッチン

時短・効率を追求したキッチンとしてメーカーから様々な商品が提案されています．狭小な空間を最大限活用するために，作業動線を最小化したり，デッドスペースとなりがちな入隅（いりすみ）（隣り合う2面の壁がつくる内側の角の部分）を有効活用したりするものが見られます．

ⓑ主役型キッチン

台所が生活の中心となるのに伴い，キッチンカウンターが主要な空間の中心に位置する形式も見られます．図3・14はリビングにとけ込んだようなキッチン，図3・15はリビングの中心に位置する眺望の良いキッチンです．料理や食事，団らんの楽しさが思われます．

ⓒ統合型キッチン

キッチンが中心となるなら，キッチンカウンターを延長して異なる機能とつないでしまおうというものです．図3・16のように，キッチンカウンターが，食卓はもとより音楽を聴いたり，家族団らんの場も兼ねるユニークなデザインも見られます．

〔写真提供〕㈱LIXIL

図3・14 主役型キッチン（1）

〔写真提供〕一級建築士事務所関建築設計室

図3・15　主役型キッチン（2）

〔写真提供〕榊原節子建築研究所

図3・16　統合型キッチン

(2)　浴室・洗面室

①　洗濯乾燥機

ドラム型洗濯乾燥機は，脚部でW600 mm × D550 mm，全体でW600 mm × D750 mm × H1 200 mm程度のものが多く，これに防水パンを設ける場合は640 mm × 640 mm程度のものが床に設置されます．排水口，水栓，アース付きコンセント，排気の換気経路，風呂水の取水配管なども適宜備えます．洗濯室の配置も含め，振動や騒音への対策が求められます．

②　洗面化粧台

洗面化粧台は，既製品を用いる場合や，ボウルや水栓，カウンター，鏡，キャビネットなどを組み合わせて製作する場合があります．空間に余裕がある場合，共働きや子育て家族の時短という点では，複数の洗面器があると有効です．

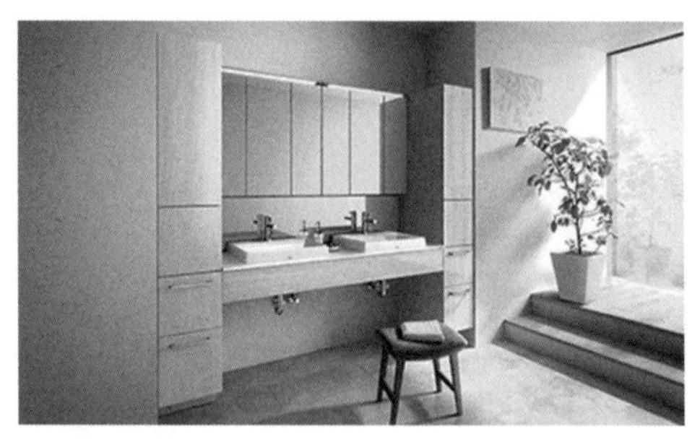

〔出典〕TOTO㈱ホームページ，洗面化粧台エスクア

図3・17　ダブルボウルの洗面化粧台

③　浴室

既製品のユニットバスが広く普及していますが，木やタイルの仕上げ，ガラス扉などの特別な仕様が好まれる場合は製作されます．その場合，十分な防水対策やバリアフリーへの配慮，清掃・換気などの維持管理が求められます．既製品には様々な機能を持つものがあり，例えば断熱性の高い浴槽や，ヒートショックや転倒に配慮したクッション性のある床，自動洗浄機能などがあります．浴室暖房乾燥機は，24時間換気や衣類乾燥，冬場のヒートショック対策など多目的に利用されています．

〔写真提供〕㈱TOOLBOX，檜浴槽

図3・18　ヒノキの浴槽のある浴室

(3)　便所

かつては川屋（厠(かわや)）といって川の側に設けられていましたが，換気や洗浄，清掃，衛生の機能が向上した今では，比較的自由に配置できます．居住者の動線調査によると，便所の配置により生活動線の総和が大きく変化するとされています．配管の効率性から浴室，洗面・洗濯室，便所はひとまとめに配置される場合が一般的です．バリアフリーの場合，車椅子や介助者を考慮した出入口の有効幅を確保します．

(ii) 家具の配置計画

(1) 食堂

夫婦と子供2人の4人家族が食事をする場合を考えると，図3・19のように，1人分の最小配膳領域は幅600 mm×奥行400 mm程度なので，4人用の領域は少なくとも幅1 200 mm×奥行800 mm程度となります．来客を考慮すると，図3・20のような幅1 500 mm×奥行800 mm程度のテーブルがあれば，肘(ひじ)なし椅子で6名まで対応可能になります．

けれども日本の住宅事情を考えると，来客を考えた専用の食堂を設けることは難しい場合が多いので，図3・21のように前述のキッチンカウンターで食事をとったり，居間と食堂兼用のテーブルを使用したりすることも考えられます．850～950 mmと食卓より高めかつ広めのカウンターにハイチェアやスツールを設ければ，手軽な食卓として使用できます．一方，低めのリビングテーブルで食事をとる場合は，休息にも適した低めの肘付き椅子などが適します．

食卓の配置は，食卓の寸法に椅子の奥行500 mm程度と，通路として600 mm程度，計1 100～1 200 mm程度の余裕を見込む必要があります．食卓には天井直付けの照明で部屋全体を照らすよりも，テーブル面から600～800 mm程度の位置に吊り下げられるペンダントライトを用いると，料理が映えて食事空間の雰囲気も向上します．ペンダントライトは机の中心線に下ろすので，あらかじめテーブルの配置を考慮した照明配置を行います．

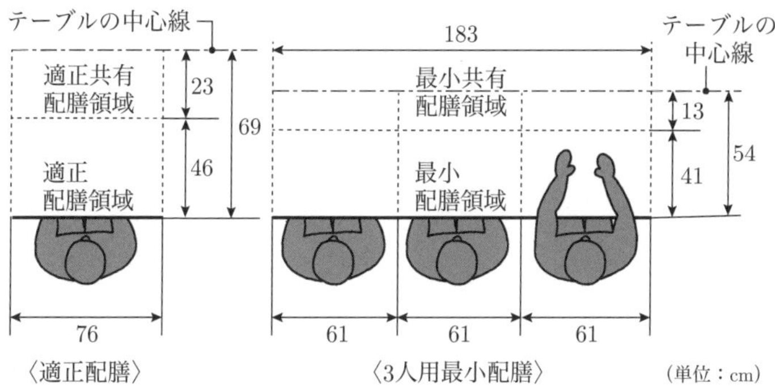

〔出典〕Julius Panero, Martin Zelnik著, 清家清, デザインシステム訳『インテリアスペース―人体計測によるアプローチ』, p.124, 「2.2食堂」, オーム社, 1984年 (一部改変)

図3・19 テーブルの配膳領域

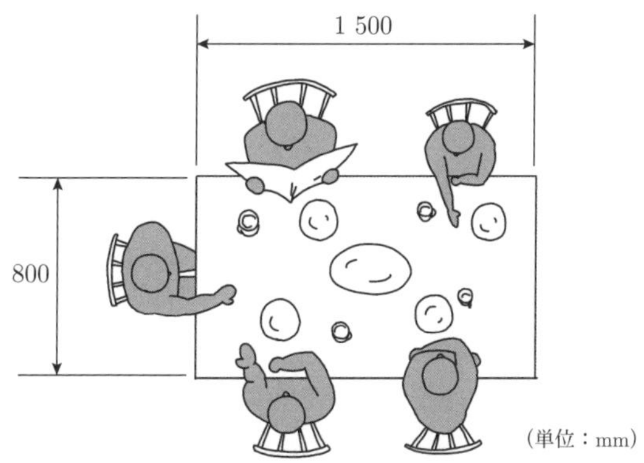

図3・20 1 500×800のテーブル

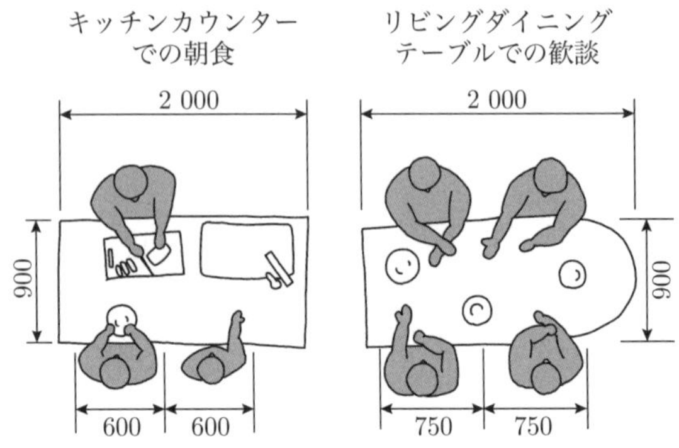

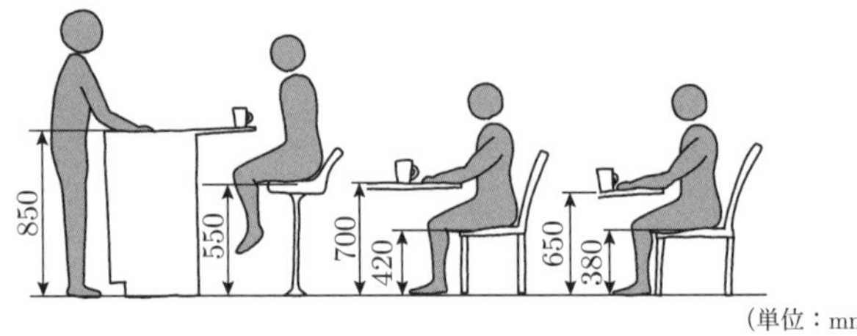

図 3・21　キッチンカウンターやリビングダイニングテーブル

(2)　寝室

ベッドの場合は固定的に置かれるので，寝室の計画には，ベッド周囲のあき（図3・22）や窓や照明の位置，空調機の吹き出し方向，生活音の有無などを考慮する必要があります．窓はカーテンやブラインドなどで遮光できること，照明は手元の操作で調光できることなどが求められます．納戸やウォークインクローゼット（WIC）を寝室や洗濯室にも隣接させると生活動線が短縮されます．

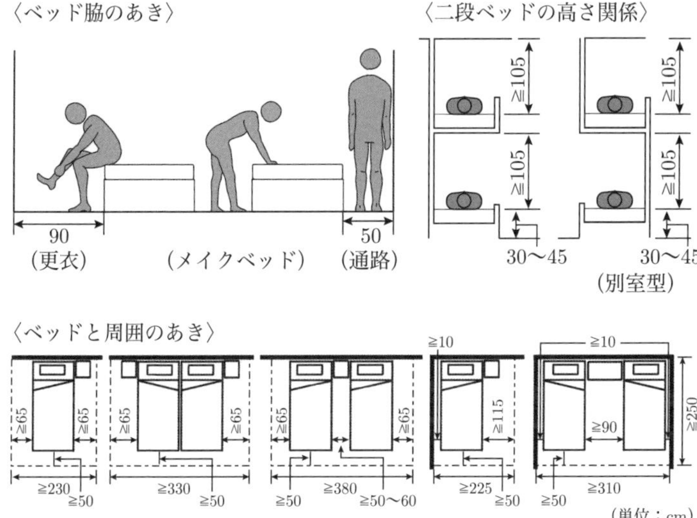

〔出典〕日本建築学会編『コンパクト建築設計資料集成［住居］』，p.189，ベッド脇のあき・二段ベッドの高さ関係・ベッドと周囲のあき，丸善，2006年（一部改変）

図3・22　ベッドまわりの寸法

(iii) 照明の計画

(1) 住宅用照明の種類

戦後の住宅は一室一灯が主流で，部屋全体を照らす照明を天井中央に設ける形式が一般的でした．照明器具の多様化や照明への意識の高まりに伴い，場所や行為ごとにふさわしい照明を設ける，多灯分散配置の考え方が主流になっています．現在の住宅で使用する主な照明の種類には，図3・23のようなものがあります．

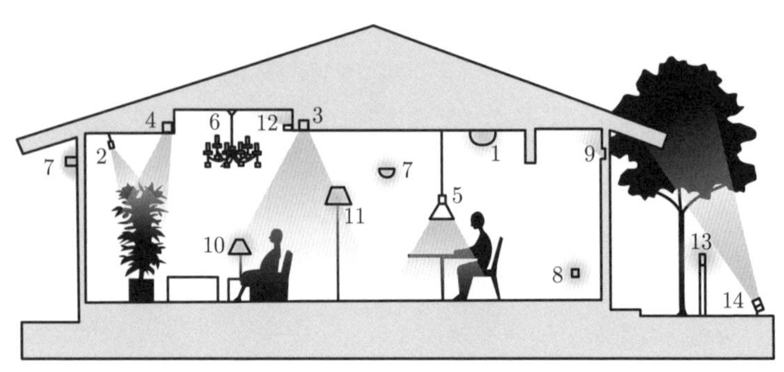

1.シーリングライト　　2.直付型スポットライト
3.ダウンライト　　4.ユニバーサルダウンライト
5.ペンダント　　6.シャンデリア
7.ブラケット　　8.足元灯(フットライト)
9.シーリングウォッシャー　　10.卓上スタンド
11.フロアスタンド　　12.コーブ照明
13.低位置型　　14.スパイク式スポットライト

〔出典〕インテリア産業協会著『インテリアコーディネーターハンドブック統合版 下』，p.178，図表7-151，インテリア産業協会，2013年

図3・23　住宅で使う照明の種類

(2)　照明の配置

照明を配置する考え方は，次のように分類されます（図3・24）.

①　全般照明（均一照明）

作業面や床面の水平面を均一な明るさで照らす．居間など複数の人が異なる行為を行う部屋に用いられる．

従来は乳白色のカバーの大型シーリングライトを天井中央に設ける場合が多かったが，まぶしさの少ない（グレアレス）ダウンライトを規則的に複数配灯する照明や，天井を照らすコーブ照明のような間接照明が望ましい．

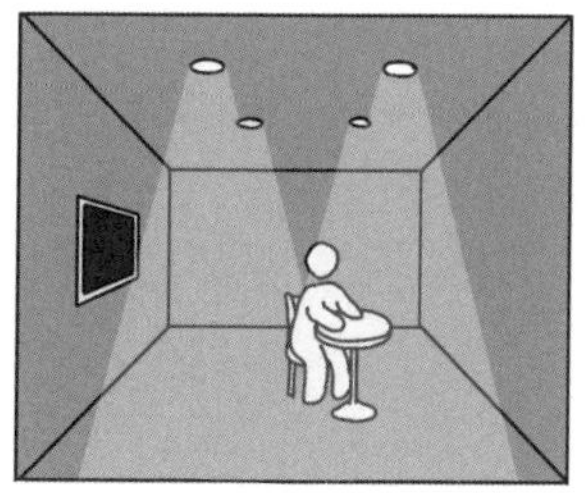

(a) 全般照明（均一照明）

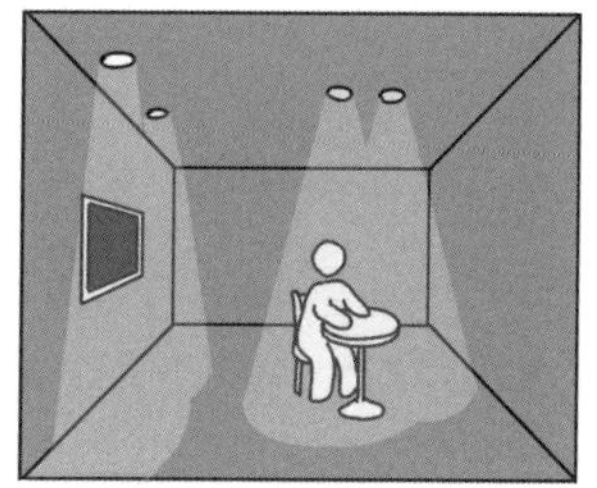

(b) 局部照明（アクセント照明）

図3・24 照明の配置

全体が明視できるので，作業の効率や安全性が高まる一方，空間が平板で単調になり，落ち着きや雰囲気に欠ける．白い（色温度の高い）光を用いる場合はある程度の明るさがないと，寂しく沈んだ雰囲気になる．

② 局部照明（アクセント照明）

スポットライトやスタンドなどの直接配光の器具で，目的の部分のみを照らす．

例えば食堂では，食卓についた人や料理を浮かび上がらせ，まわりの空間や余分なものを沈み込ませる効果が得られる．不均一な照明により，空間にメリハリや奥行きを演出できるが，光源が直接目に入るなどのまぶしさへの配慮も求められる．執務机や台所の調理台のように精密な作業を行う場所にも局部照明が用いられる．

明暗の差が大きいと，明るさへの順応がうまくいかず，目が疲れやすくなるので，局部照明の$\frac{1}{3}$～$\frac{1}{10}$程度の全般照明との併用が求められる．局部照明と全般照明との併用をタスク・アンビエント照明といい，省エネの効果もある．

③ 局部的全般照明

作業面や特定の部分を照らす局部照明により，副次的に空間全体の照明を担う照明を特に，局部的全般照明と呼ぶ．

例えば食卓の照明に，乳白色のガラスシェードを持ったペンダント器具を用いると，食卓を浮かび上がらせる主目的を果たしながら，拡散光が空間全般をある程度照らすことができる．

(iv) リフォームの計画

住宅のリフォームは，劣化，破損した建物部位や設備を更新して性能を向上させる場合，耐震性能を向上させる場合，家族構成や生活様式の変化に合わせて間取りや用途を変更する場合などがあります．適切なリフォームによって既存建物の寿命を伸ばし，生活環境をより安全に快適にし，建物の価値を向上させることができます．

ただしリフォームの計画は新築工事と比べると，不確実な要素や制約条件が多くなります．解体を伴う場合は，近隣への影響を抑えたり，建物の使用を停止したりする必要があります．場合によっては建物の一部を壊し，既存部の調査を行いながら計画を変更していく必要があります．優先順位を明確にして，残す部分と更新する部分をうまく組み合わせることも大切になります．

マンションのリフォームでは，区分所有法に基づく専有部分がリフォーム可能で，共用部分はリフォーム不可能となります（図3・25）．バルコニーは一般に，専用使用部分であっても，専有部分でないのでリフォームは不可となります．また建物の管理規約や使用規則の定めに従う必要があります．

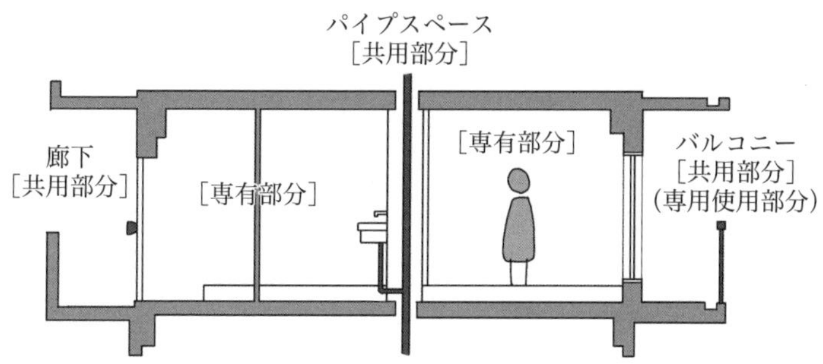

図3・25　マンションの専有部分と共用部分

コラム　**リフォーム**

最近は外国人と仕事を行い，英語が必要な場面も増えているようですが，改修という意味でリフォーム（Reform）という言葉を使っても正しく伝わりません．英語圏でReformは，（制度などの）改正を意味します．改修のことを言う場合，Renovate（リノベイト）やRebuild（リビルド），Remodel（リモデル）などが良いようです．日本ではリフォームという言葉がすっかり定着していますが．

3.3 インテリアデザインの業務

インテリアデザインの業務は，扱う分野や個別の案件により様々で，その都度臨機応変な対応が求められるうえ，担当者や組織によって十人十色の解決方法が採られます．ここではテナントビルのインテリアを改修して企業主導型保育事業の保育園とした事例を使って，一般的な業務手順を紹介します（これ以降の事例，図版，写真等はすべてANO合同会社一級建築士事務所提供）．

(i) 与条件の調査

発注者の要望や方針，予算などを把握するとともに，建物の与条件や制約を調査して把握します（図3・26）．敷地周辺や類似事例の調査を行います．関連法規や規約の他，助成金などを使用する場合は必要書類や提出期限，選考基準なども確認しておきます．

この事例の場合は上記の他に，建築基準法，消防法，認可外保育施設指導監督基準などの関係法規や基準を調査し，公益財団法人 児童育成協会に企業主導型保育事業助成申請についてヒアリングなどを行っています．

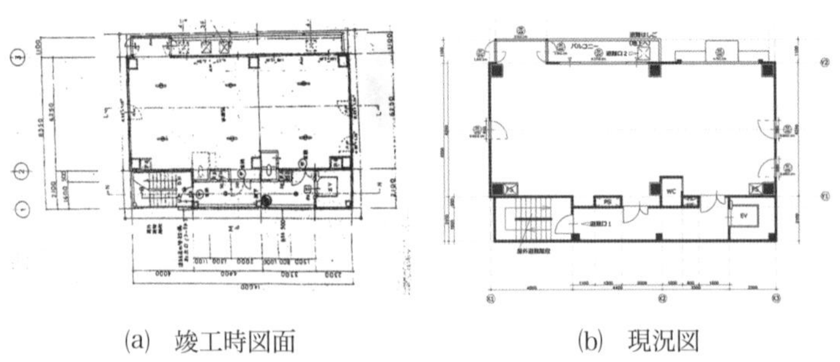

(a) 竣工時図面　　(b) 現況図

図3・26 図面の作成

(ii)　基本計画・概念設定

発注者が抱く漠然とした要望や方針をもとに，実現可能な解決案や，核となる概念（コンセプト），対象の優先順位などを明確にしていきます．

この事例の場合は複数案を作成し，発注者やコンサルタントとともに各案の長所・短所を比較検討しています（図3・27，図3・28）．

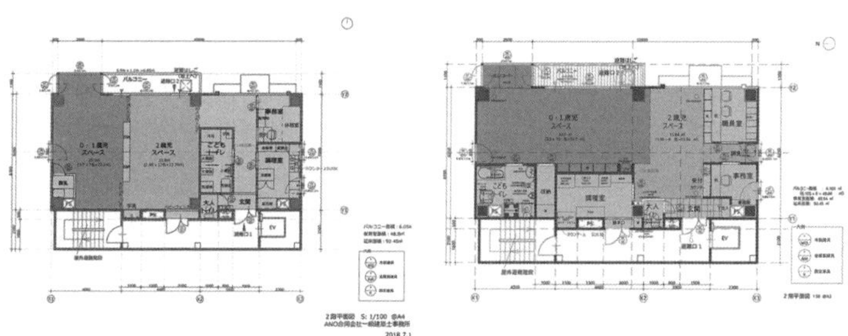

(a)　A案（初期案）　　(b)　B案

図3・27　図面での提案

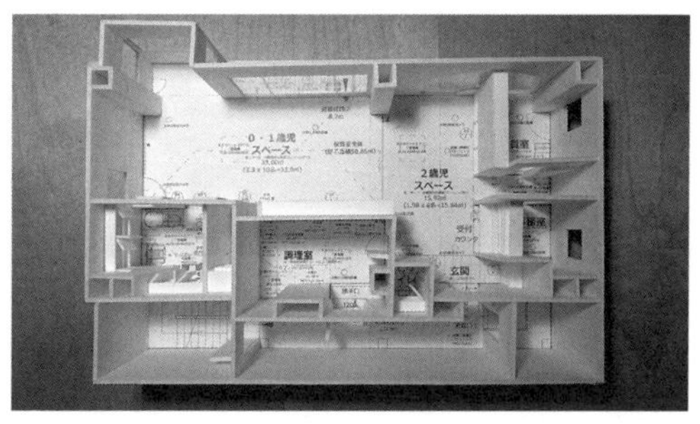

図3・28　スタディ模型

ⅲ　基本設計

基本計画や概念を空間に具体化します．スケッチや模型で検討しながら，各部の配置や寸法，色，材料などを各種図面に表現します．CADにより3次元モデルを作製する場合もあります．

この事例の場合はこの段階で，建築指導課，消防署，保育課，保健所など関係官庁と協議し，計画案の妥当性を確認しています．

〈作成される図面・表など〉

平面図，天井伏図，断面図，展開図，家具図，建具図，照明配置図，電気配線図，透視図，サンプルボード，仕上表，設備機器リスト，仕様書など（図3・29～図3・33）．

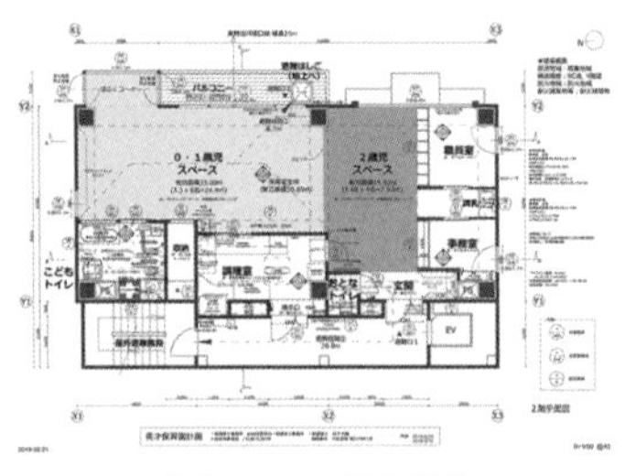

図3・29　平面図

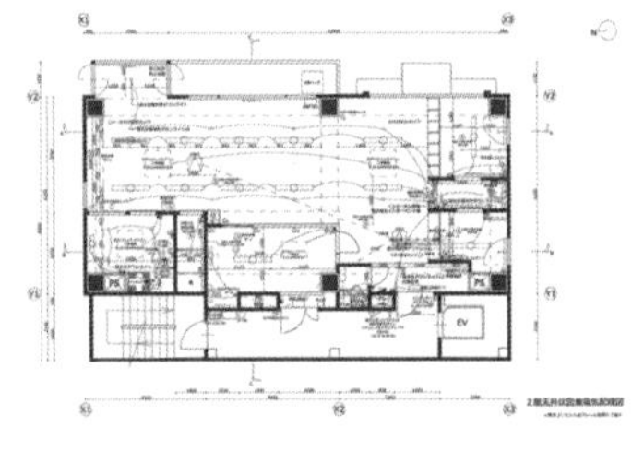

図3・30　天井伏図（照明・電気配線図）

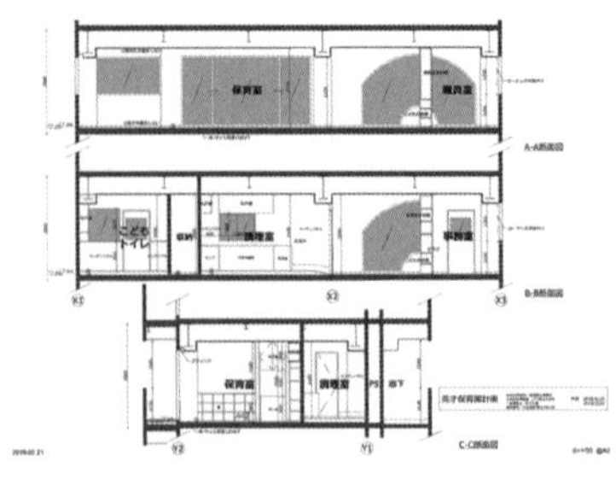

図3・31　断面図

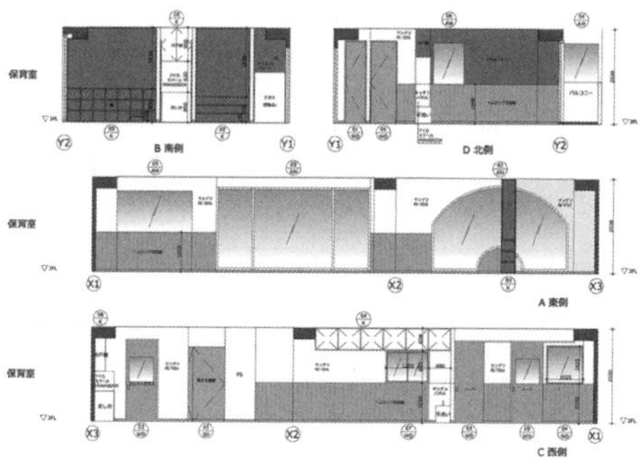

図3・32 展開図

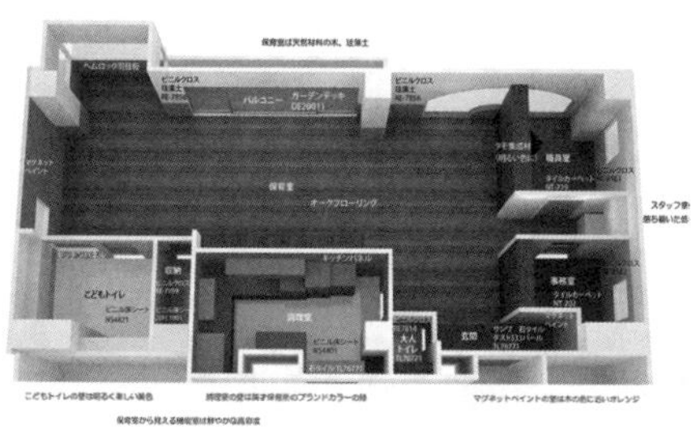

図3・33 カラースキームの検討図

(iv) 提案

基本設計案を各種図面や模型を用いて発注者に提案します（図3・34，図3・35）．提案に対する反応をもとに，発注者の意図を確認したり，実施に向けて解決案を再構成します．各提案資料は目的を明確にして作成し，色や立体図により，視覚に訴える表現とすることが求められます．場合によっては，合意に至るまでこれまでの手順が幾度か繰り返されます．

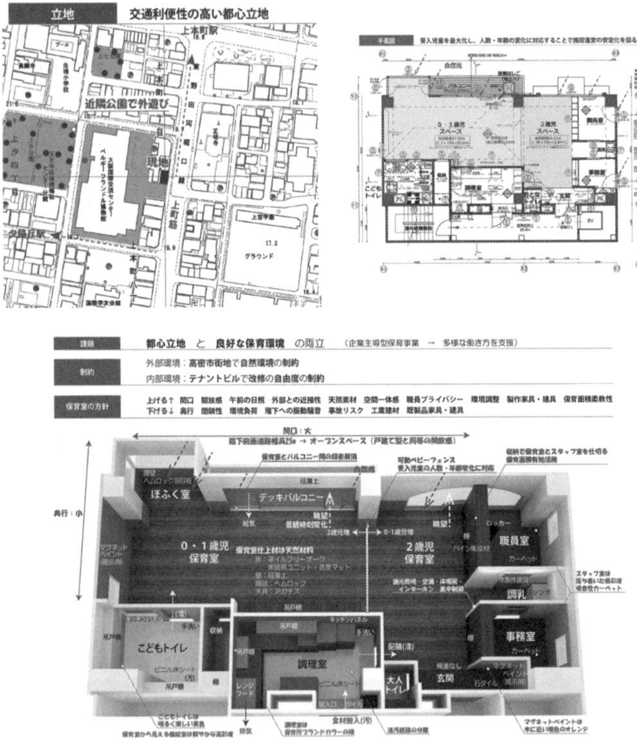
立地
交通利便性の高い都心立地
上本町駅
近隣公園で外遊び
現地
夕陽丘駅
上町筋
グラウンド
受入児童を最大化し、人数・年齢の変化に対応することで施設運営の安定化を図る
自然光
バルコニー
0・1歳児 スペース
2歳児 スペース
職員室
事務室
こどもトイレ
調理室
玄関
課題
都心立地　と　良好な保育環境　の両立　（企業主導型保育事業　→　多様な働き方を支援）
制約
外部環境：高密市街地で自然環境の制約
内部環境：テナントビルで改修の自由度の制約
保育室の方針
上げる↑　間口　開放感　午前の日照　外部との近接性　天然素材　空間一体感　職員プライバシー　環境調整　製作家具・建具　保育面積柔軟性
下げる↓　奥行　閉鎖性　環境負荷　階下への振動騒音　事故リスク　工業建材　既製品家具・建具
間口：大
奥行：小
ほふく室
デッキバルコニー
0・1歳児 保育室
2歳児 保育室
ロッカー
職員室
調乳
事務室
こどもトイレ
調理室
大人トイレ
玄関

図3・34　提案用の図面

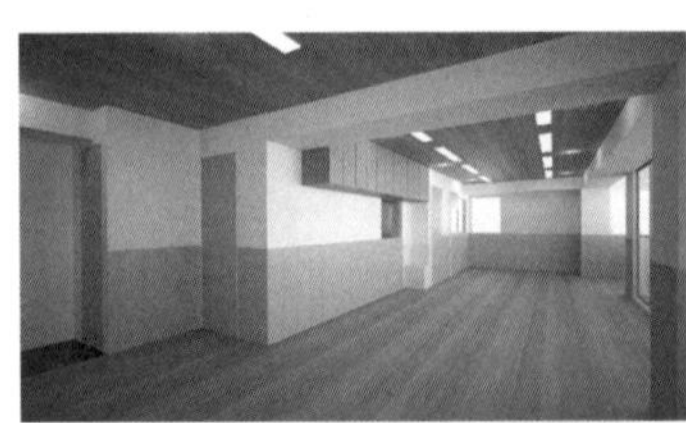

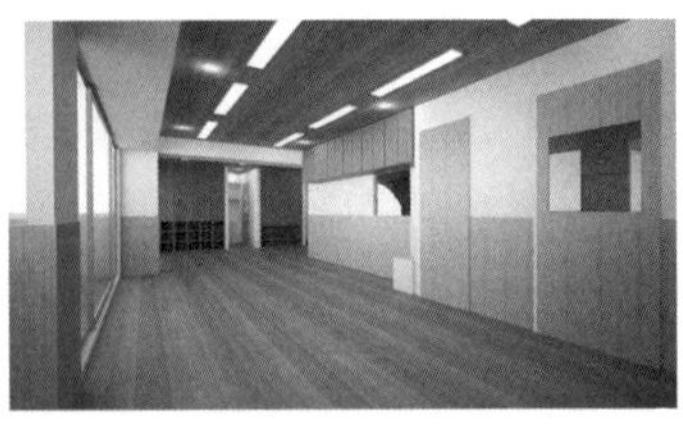

図3・35　3次元CADによる透視図

(v) 実施設計

発注者の了承を得た案をもとに，実施に向けて詳細を詰めていきます．各種図面や仕様書に工事範囲，数量，仕様を明示し，製作者や施工者が見積り可能な図面を作成します．見積りは一般に複数の業者に依頼し，金額と工事内容，工期や支払い条件などを精査します．実施案と見積金額の了承を受けて工事契約を締結します．契約書には主に表3・4のような項目が定められます．他業種と連携する場合は，互いの業務の区分や責任範囲を明確にして契約書を交わします．

表3・4　工事契約書の主な項目

契約書の項目	備考
工事内容	図面や仕様書との整合
工事金額	見積書との整合
工事期間（引き渡し日）	工程表との整合
支払い条件	支払時期，回数，金額など
保障	保障の条件，期間など
契約解除の条件	契約解除の場合の費用の分担など
変更工事	変更の条件
契約不適合責任※	責任の範囲，期間など

※引き渡された目的物が契約の内容に適合しない場合に，請負人が発注者に対して負うこととなる責任のこと．

(vi) 施工・監理

工事の進行は施工業者が管理するが，主要な工程は現場で建築士が確認します．問題が生じたときは発注者に報告して対応策の了解を得ます．施工管理者と工事監理を終了したら，工事監理報告書により結果を報告します．

(a)　解体時

(b)　工事中

図3・36　主要な工程の写真

(vii)　竣工・引き渡し

工事完了検査を行い，補修や変更工事が必要な箇所がある場合は，完了時に再確認を行います．鍵，機器や部材の取扱説明書や保証書，維持管理方法に関する書類，故障や緊急時の連絡先リストなども併せて提出します．引き渡し後の定期点検についても確認します．

図3・37竣工時の写真

参考文献

［1］ 日本建築學會編：日本建築史図集，彰国社，1949年

［2］ 日本建築學會編：西洋建築史図集，彰国社，1953年

［3］ 小原二郎，内田祥哉，宇野英隆編：建築 室内 人間工学，鹿島出版会，1969年

［4］ エドワード・T・ホール著：かくれた次元，みすず書房，1970年

［5］ E・S・モース著：日本その日その日3，平凡社，1971年

［6］ 小原二郎編：インテリアデザイン1，2，鹿島出版会，1973年

［7］ 太田静六著：寝殿造の研究，吉川弘文館，1987年

［8］ ジョン・ラング著，高橋鷹志監訳：建築理論の創造，鹿島出版会，1992年

［9］ 日本建築学会編：コンパクト建築設計資料集成［住居］，丸善，2006年

［10］ 小原二郎，所荘吉，渡辺優，國吉恵梨子編著：インテリア学辞典，壁装材料協会，彰国社，1995年

［11］ 小原二郎，加藤力，安藤正雄編：インテリアの計画と設計，彰国社，1996年

［12］ インテリア産業協会著：インテリアコーディネーターハンドブック技術編［改訂版］，インテリア産業協会，2003年

［13］ 日本建築学会編：生活空間の体験ワークブック，彰国社，2010年

［14］ 日本建築学会編：コンパクト建築設計資料集成［インテリア］，丸善出版，2011年

[15]　インテリア産業協会著：インテリアコーディネーターハンドブック 上，下 [統合版]，インテリア産業協会，2013年
[16]　建築技術教育普及センター，日本インテリアプランナー協会編著：インテリアプランナーガイドブック 学科試験編，新日本法規出版，2016年
[17]　インテリア大事典編集委員会編：インテリア大事典，所荘吉，壁装材料協会，彰国社，1988年
[18]　森田慶一著：西洋建築入門，東海大学出版会，1971年
[19]　太田博太郎著：日本建築史序説，彰国社，1989年
[20]　ウィトルーウィウス著，森田慶一訳註，ウィトルーウィウス建築書，東海大学出版会，1979年
[21]　ウィリアム・ミッチェル著，長倉威彦訳：建築の形態言語―デザイン・計算・認知について，鹿島出版会，1991年
[22]　メラニー・ミッチェル著，高橋洋訳：ガイドツアー 複雑系の世界，紀伊國屋書店，2011年
[23]　松浦邦男，高橋大弐著：建築環境工学1，朝倉書店，2001年
[24]　鉾井修一，新田勝通，池田哲朗著：建築環境工学2，朝倉書店，2002年
[25]　ロバート・ソマー著,穐山貞登訳：人間の空間 デザインの行動的研究，鹿島出版会，1972年
[26]　日本建築学会編：構造用教材，日本建築学会，1995年
[27]　森田司郎，須賀好富，岡島達雄著：建築材料・施工，鹿島出版会，1984年
[28]　彰国社編：建築大辞典 第2版，彰国社，1993年

［29］ 住宅金融支援機構著：木造住宅工事仕様書 2019年版，井上書院，2019年

［30］ 日本産業規格（JIS）

JIS P 0138:1998 紙加工仕上寸法

JIS Z 8102:2001 物体色の色名

JIS Z 8105:2000 色に関する用語

JIS Z 8113:1998 照明用語

JIS Z 8120:2001 光学用語

JIS Z 8721:1993 色の表示方法－三属性による表示

JIS Z 8106:2001 音響用語

JIS Z 8785:2019 測光－CIE物理測光システム

JIS Z 9110:2010 照明基準総則

JIS Z 9112:2012 蛍光ランプ・LEDの光源色及び演色性による区分

索　引

か

さ

た

な

は

おわりに

本書を手に取り，最後まで読んで下さりありがとうございます．多分野の学際領域の内容をこれほど簡略化してまとめるのは挑戦的な作業でした．インテリアデザイン分野の研究成果は厚く，すでに幾多の良書が著されています．それらを改めて読み直し敬意を表して，多くの知見や図版を引用，転載させていただきました．主なものは参考文献に挙げていますので，是非本書の元となった重厚な文献にも手を伸ばしてください．そのような形で本書がインテリアデザイン分野の概観に役立つなら幸甚です．

本書のイラストの多くは，大阪市立大学生活科学部居住環境学科の鳴田千晶さん，生活科学研究科居住環境学講座の柳川映子さんが描いてくれました．大変助かりました．ありがとうございます．

電気書院 田中和子様には本書の企画から出版の細部にわたり，大変お世話になりました．本学のURAセンターの坂様を通じ，研究発表会でお声がけ下さったことが本書執筆のきっかけでした．本書は建物や家具の写真やイラスト，文献からの引用や転載が多いため，権利関係の許諾や図版の整理に多大な労力を要したことと存じます．当初の乱雑な原稿が，打合せのために何度も来学，校正して下さるうちにお陰様でなんとか形になりました．改めて深謝いたします．

〜〜〜 著 者 略 歴 〜〜〜

松下 大輔（まつした だいすけ）

1998年 京都大学 工学部 建築学科 卒業
2000年 京都大学大学院 工学研究科 修士課程 建築学専攻 修了
2000年 OMA Asia Ltd.
2003年 京都大学 工学研究科 博士後期課程 建築学専攻 修了 博士(工学)
2003年 京都大学 助手
2006年 京都大学 講師
2017年 大阪市立大学 教授 現在に至る

スッキリ！がってん！ 建築のインテリアの本

2020年 5月31日 第1版第1刷発行

著 者 松下大輔（まつした だいすけ）
発行者 田中聡

発行所
株式会社 電気書院
ホームページ www.denkishoin.co.jp
（振替口座 00190-5-18837）
〒101-0051 東京都千代田区神田神保町1-3ミヤタビル2F
電話(03)5259-9160／FAX(03)5259-9162

印刷 中央精版印刷株式会社
Printed in Japan／ISBN978-4-485-60040-5

• 落丁・乱丁の際は，送料弊社負担にてお取り替えいたします．

[本書の正誤に関するお問い合せ方法は，最終ページをご覧ください]

書籍の正誤について

万一，内容に誤りと思われる箇所がございましたら，以下の方法でご確認いただきますようお願いいいたします．

なお，正誤のお問合せ以外の書籍の内容に関する解説や受験指導などは**行っておりません**．このようなお問合せにつきましては，お答えいたしかねますので，予めご了承ください．

正誤表の確認方法

最新の正誤表は，弊社Webページに掲載しております．「キーワード検索」などを用いて，書籍詳細ページをご覧ください．

正誤表があるものに関しましては，書影の下の方に正誤表をダウンロードできるリンクが表示されます．表示されないものに関しましては，正誤表がございません．

弊社Webページアドレス
http://www.denkishoin.co.jp/

正誤のお問合せ方法

正誤表がない場合，あるいは当該箇所が掲載されていない場合は，書名，版刷，発行年月日，お客様のお名前，ご連絡先を明記の上，具体的な記載場所とお問合せの内容を添えて，下記のいずれかの方法でお問合せください．

回答まで，時間がかかる場合もございますので，予めご了承ください．

郵送先
〒101-0051
東京都千代田区神田神保町1-3
ミヤタビル2F
㈱電気書院　出版部　正誤問合せ係

ファクス番号　**03-5259-9162**

弊社Webページ右上の「**お問い合わせ**」から
http://www.denkishoin.co.jp/

お電話でのお問合せは，承れません

(2015年10月現在)